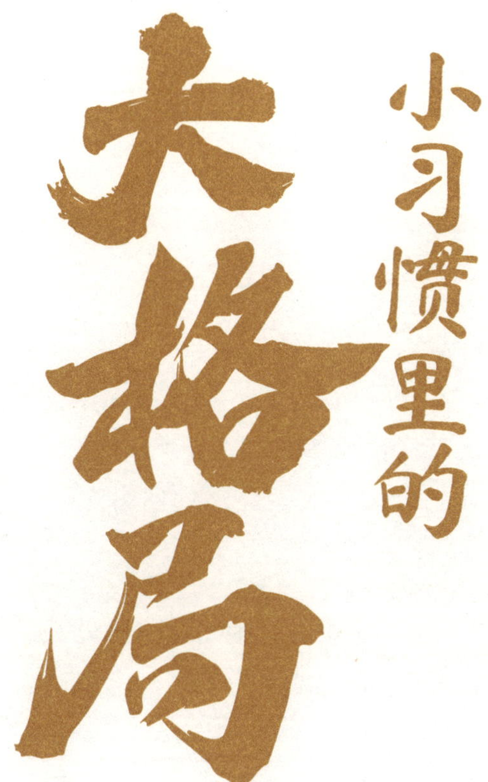

雅鑫 著

地 震 出 版 社

序言

习惯决定格局，格局决定命运。

到底什么是“格局”?

纵观一盘棋，“格”就像棋盘上的一个个小格子，是人生的每个选择与策略；“局”就是指下棋的眼界、认知、趋势和姿态等。人们说的所谓“格局打开”，正是指眼界高远、沉心静气，以最广阔、最积极的视角去寻找命运的方向。

同一场考试，有人得满分，有人不及格。同一个工作岗位，有人拿高薪，有的人却只能拿底薪。同样是选择创业，有人失败，有人成功。

差异到底在哪里？在格局！

或许你缺少的，只是点睛之笔的启示！

要知道，一个人无法决定自己的出身，却能左右自己的发展！

有人可能要说，优秀的人，他们出身好、家境好、运气好！毕竟投胎是门技术活儿，有些人含着金汤匙出生，可以轻轻松松地拥有自己想要的一切。但是，这样的现象，却不是全部。

举个经典的例子。三国时期，刘备有个儿子叫刘禅，小名阿斗，“扶不起的阿斗”这个典故就是由他而来。公元219年，在刘备自立为汉中王的时候，就立刘禅为王太子。等刘备称帝后，刘禅自然而然地成了皇太子。刘备费尽心思请诸葛亮等人当刘禅的老师。刘备辞世时，放心不下江山和儿子，又嘱托诸葛亮一定要辅佐好刘禅。结果刘禅倒好，在诸葛亮在世时还好，虽然没有什么政绩，也没干出什么荒唐事情。诸葛亮一死，刘禅就像脱缰的野马，逐渐暴露了他“扶不起”的本质。魏国派兵来攻打蜀国，刘禅自愿投降，带着一些旧臣到魏国去当“安乐公”，继续过着吃喝玩乐的日子，又给世人留下了一个典故，叫“乐不思蜀”。

他在魏国，每天都开心得不得了，完全不把亡国之恨放在心上。刘禅好好的皇帝不当，非得当亡国奴，把一手好牌打得稀巴烂，只看重眼下一时之乐，不愿长久谋划，自己向自己投降。他的格局，可见一斑。

真是可悲，可叹！

可见，好的环境、好的背景可以让一个人成功的起点比别人高，但是能不能跑到胜利的终点，关键还要看一个人如何看待问题。因为格局上限的位置，决定一个人如何出牌，怎么去经营自己的人生。

纵观历史，可以发现，很多人出身平凡，但靠着自己的努力，最终实现了逆天改命，做到了“我命由我不由天”。

其实，成功的人都有一个共性，那就是格局上绝不局促。

哪有什么“开挂的人生”？不过是别人比你有更高远的事业，又更努力罢了。说到这里，可能有人要说了，我也想靠努力改变自己的命运啊，可是我不知道该怎么做，就算知道了该怎么做，我也坚持不下去。别急，成功路上，其实很多事情，都是有方法、有技巧的，打开格局也有固定的途径和方法。每一位成功者，都有自己成功的不二法门，都有自己独特的好习惯。你离成功和优秀，往往只有一步之遥——成功者带来的启示，就是成功的捷径。

好习惯，也就是那最好一步。在我们的人生路上，习惯是一个人的资本，习惯打造格局，有了好习惯，格局打开，人生就相当于成功了一半。

数千年来，华夏大地上人才辈出，那些杰出的人物，在历史上留下了一个又一个高光时刻，给我们留下了一笔笔宝贵的文化财富，也留下了一个个成功密码。

研究名人成功的秘密，了解促使他们成功的习惯或者方法，就相当于修炼武功的人拿到了一本写满武林绝学的“格局”秘籍。哪怕是照葫芦画瓢地去努力，也好过一成不变、碌碌无为。

为了让大家能够更加直观、有效地掌握这些习惯和启示，帮助自身打开格局，本书选取了从春秋战国至当代，根植于我国文化的典型案例，看看他们成功路上的“武功秘籍”是什么。

圣人孔子居然是我国历史上靠读书改变命运的第一人，跟孔子学自强，你也可以成为格局开阔的君子；被唐太宗视为左膀右臂之一的魏徵，竟然是“跳槽达人”，他在职场上，给现代人留下了财富；一代诗仙李白，手把手教你做营销高手；大学者朱熹，告诉你如何用读书养成“学霸格局”……

如果你眼下比较迷茫、没有目标，生活得平平淡淡，内心又不甘于平庸；如果你对工作并不满意，想提升自己的工作能力却又不知道该从哪里下手，或许这些案例能给你带来提升格局的启示。

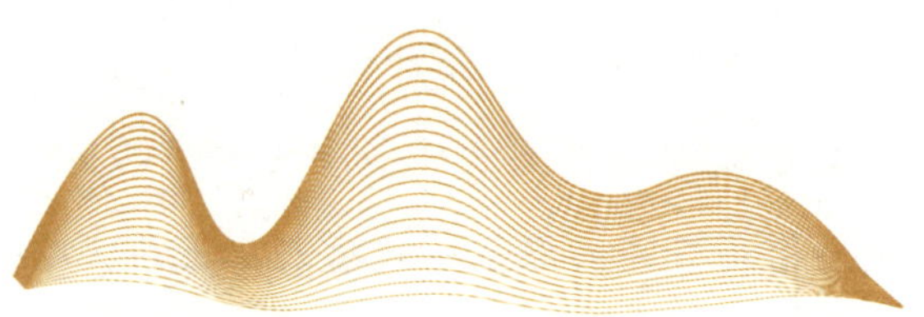

CONTENTS

目录

[知行合一篇]

不动如山篇

第1章
孔子

身处人生低谷，
保持一个习惯，让格局步步攀升

孔子

身处人生低谷，保持一个习惯，让格局步步攀升

孔子在波澜起伏的一生中，有着过无数难以逾越的困境。从疑似“私生子”到桃李满天下的教育家，他无数次面对国君的弃置不用、自身的不合时宜以及理想的渐渐远去。在这种情境下，孔子能开拓格局，留名青史，迸发出超越时代的力量，其中关键，就在于一个不动如山的习惯！

孔子眼中，人的格局可以分为三类。

格局最下层：追求名利，患得患失。

格局居中层：专注自身的理想和抱负，因势而变。

格局最上层：“一箪食，一瓢饮”也能不改其乐。这类人，以德行普照世间，是有“道”之人。

对于后人来说，孔子本人必定拥有最上层的格局。孔子的一生，少年时追求自身修养，中年时追求上进、注重教育，晚年时潇洒也痛苦，却始终坚持理想。

他的大格局给后人带来了关键启示：无论如何风雨漂泊、命途多舛，始终自强、坚持自我。这一启示，还要从孔子的履历说起。

说到孔子，不少人的第一印象是，孔子是个大圣人。

然而圣人不是一出生就是圣人，也是一步步修炼来的。孔子出生时，祖辈已经从国君的后代成为鲁国普通的士族阶级，他甚至还是“野合”而来的私生子，

很有可能在平民阶层中长大。那么这样的孔子到底是怎么成为圣人的？他又是如何打开格局、面对人生沉浮的？

其中必然有着清晰的上升轨迹，然而在后人的视野中，人们往往将孔子定义为一个天然的圣人，专注于他的功绩而非成长轨迹。其实，孔子之所以成为圣人，很大程度上是因为他自强不息，坚持自己的习惯。孔子一生的目标并不是当圣人，而是当君子。

君子有什么特点呢？仁爱，忠义，这些都是人们经常听到的、挂在嘴边上的。那么君子需要什么品质呢？《易经》中说：“天行健，君子以自强不息。”这句话的关键词是“自强不息”，也就是说，你要先想办法让自己事业有成，让自己活出个人样来。

孔子认为，三十而立。即一个人到了三十岁，要有自己的一番事业。其实孔子很谦虚，他早在三十岁以前，就已经让自己立了起来。孔子的个子很高，身高九尺，顶天立地。他在世间的格局，也随着年龄的增长渐渐拓展。孔子是怎么在自己年纪轻轻的时候，就有了一番事业呢？他的成就和出身有着怎样的关系？他是否有贵人相助呢？这还要从孔子的身世说起。

孔子的成长轨迹

孔子的先祖是商朝的开国君主商汤，家族没落后，他们转移到鲁国定居。孔子的父亲叔梁纥为陬邑大夫，陬邑相当于现在的一个乡，陬邑大夫从级别上看，只是个乡级官员。

叔梁纥有九个女儿，还有一个患有足疾的长子，眼看着家族要后继无人，于是纳颜氏之女为妾，才有了孔子。史书将此事记载为“野合”。“野合”有可能指私通，也有可能指不符合普世礼仪的结合，因为叔梁纥成婚时的年龄已经超过了礼制规定适合结婚的八八六十四岁。可以说，孔子一出生就背负着振兴家族的重任，孔氏这个家族，从殷商时的天子，到后来的诸侯，再到大夫，阶层一降再降。大夫之下是士，士再往下就是平民了，就不属于贵族阶层了。

孔子作为家里唯一身体健康的儿子，自然也要承担家族的使命。孔子3岁时，叔梁纥去世，他的母亲带着孔子，被迫离开了孔家，此时孔子连自己父亲的坟墓在哪里都不知道，母亲也不愿提起，可以想见，这多半是与叔梁纥的家族有些关系。

于是一个18岁的单身母亲，带着一个3岁的儿子，被迫开始了谋生——这一阶段，孔子只能以立身为目标，先寻求自身在社会中的稳固地位。

试想一下，如果这种情况发生在现代社会里，那这个孩子受教育的情况可能也不会很乐观。但事实是什么呢？孔子并没有耽误学习。在《论语》中，孔子说过这样一句话：“吾少也贱，故能多鄙事。”这句话的意思是，我年少时身份比较低贱，所以我也学会了很多底层人所从事的工作。这也决定了孔子对于平民，也就是“小人”的态度，他身为贵族，并不是高高在上的，早年的经历让他对人间烟火有了比较深刻的了解，能够体察平民的心理与生活状态，而不仅仅是鄙夷他们。

正是这颗“平常心”让孔子面对风浪时，能够坚持自我、坚持理想，也让他打开视野，免于局限在一叶障目的困境中。

孔子17岁时，他的母亲去世了。此时，孔子有可能回归他应有的贵族阶级，但他士的身份并没有得到普遍的认可。孔子安葬完母亲后，开始为母亲守孝三年。就在同一年，鲁国的执政上卿季氏发出通告，宴请鲁国的士族，这次宴请，目的在于为鲁国选拔候补官员的工作做一个名单的统计。孔家是士族，孔子作为家族的男丁，理所应当去参加这个宴会。宴会当天，孔子穿着丧服来到了季氏家门口，碰到了季氏家臣阳货。阳货拦住了孔子，不让他进去。阳货说，我家主人宴请的是士，可没请你啊。阳货这样说，其实就是不承认孔子士人的身份。

当时，平民是没有资格从政做官的，如果17岁的孔子士的身份不被普遍认可，他又无父无母，那么他的前途可以说是很渺茫了。

孔子在遭到此番羞辱之后，立志一定要有一番作为，只是当时他身边没有人可以依靠，只能靠自己。守孝结束后，19 岁的孔子离开鲁国，到宋国去学习礼仪。

通过孔子追求“礼”，可以看出孔子视野独特，与众不同。

当时，宋国的殷商之礼在各国都享有很高的地位。如果一个人精通了殷商之礼，在各个诸侯国都会非常吃香。这与当时的社会环境有关，“礼”最早是在祭祀活动中出现的。后来，“礼”已经不单单是指祭祀方面的事宜，它还有着更深层次的人文内涵，代表着社会的仪礼与规范。

“礼”的背后更隐藏着政治与社会的复杂现象，比如《论语》中的“是可忍，孰不可忍”，评价的正是鲁国三桓之首的季氏舞“八佾”。“八佾”也就是八八六十四人的宫廷乐舞，按照礼制来说，只有周天子才能使用“八佾”规格，鲁昭公只能用“六佾”，更别说季氏了，不过当时人们普遍逾制。孔子生气的关键点在于，当天季氏与鲁国宫廷内都有乐舞，而季氏凑齐了八佾，鲁国正牌的国君面前却只有孤零零的几个人——这折射的是鲁国三桓当权，国君式微的政治现象，而不仅仅是“礼”本身。

可见“礼”在当时寓意深刻。

春秋时期，虽然逐渐开始礼崩乐坏，但是当时的统治者还是以礼治国。精通了殷商之礼，也就是精通了国家管理的基本准则，这样的人，如果足够优秀的话，甚至可以辅佐君王。孔子在宋国学习时，表现十分出色，宋国的一个大家族亓官氏直接把女儿嫁给了孔子。20 岁的时候，孔子已经精通殷商之礼，这样浩瀚的知识，孔子用一年多的时间，就做到了精通，可见孔子除了天分以外，一定是非常努力的。学成后，孔子带着妻子回到了鲁国。这时候的孔子，不再是 17 岁时那个被家臣看不起的人了。一年后，孔子的儿子出生，鲁国的国君知道后，立即派人送了一条大鲤鱼表示祝贺，这有拉拢孔子的意思。毕竟一国之君派人给孔子送贺礼，说明孔子那个时候在鲁国已经具有一定的地位，是相当厉害的人物，连国君都要给他面子。孔子的地位发生了翻天覆地的变化。

那么，促使孔子地位发生变化的原因是什么？是孔子的自强不息和坚持——这一习惯，铺垫了孔子的上升之路。

孔子之前，未曾有过开讲堂教育众人的先例，孔子视野独具，看到他人所看不到的领域，从而让自己成为最独特的老师，孔子也因此网罗了巨大的人脉资源——这正是格局不同，选择也就不同。

让孔子具有与众不同格局的，正是知识。知识是相当重要的生存力。可以说，孔子是我国历史上第一个靠读书改变命运的人。那孔子的这段经历，对我们来说，有什么现实意义？

其一，也是最重要的，就是无论处在怎样的环境下，无论现在有多糟糕，一定不要被残酷的现实打败。孔子3岁丧父，17岁丧母，士的身份不被人承认，这几次打击，可以说是相当沉重的。他17岁就要开始独自面对很多事情，承受的压力，远远比现代人17岁时多。我们不知道当时的孔子是否在深夜痛哭过，是否在崩溃的边缘徘徊过，但是我们知道，孔子最终靠自己走出了困境，并且在家庭、事业上都有了一番收获。

也是因为有自强不息的习惯和品质，孔子才能在后来坎坷的一生中，带着自己的理想，周游列国，传播仁爱与礼义。孔子这种自强不息的心态，是非常值得学习的。无论什么时候，我们都要尽可能做到自强不息，因为这可以让我们的人生峰回路转，可以帮助我们走出低谷。

其二，就是养成知识储备的好习惯。俗话说，技多不压身。我们无法阻止别人对我们的言语打击，但是我们可以通过不断扩充自己的知识容量，来提高自己的能力。也许有一天，你的知识会给你带来一些不错的机会，能让你的人生更上一层楼。

这两项关键习惯，打造了孔子的人生态度，也能够助你打开格局！

峰回路转的关键所在

孔子绝不仅仅是收徒教学而已，他不断为自己的理想抱负而奋进，饱受挫折。

孔子一心复兴周礼，为此周游列国。公元前484年，他从鲁国出发，先去了卫国，几次在卫国和其他国家间往返，经过了曹国、宋国、陈国、郑国、蔡国，返回鲁国后又来到齐国，最远抵达楚国边境。孔子去到的这些小国，大部分是周王室的宗亲国家，也就是姬姓国，自然也是离孔子的理想抱负最接近的国家。

孔子无缘争霸中心的晋、楚两国，因为在孔子决定去晋国时，还没有渡过黄河，就听说晋国两位贤明的士大夫被杀，于是孔子决定放弃去晋国。他在黄河边感慨："美哉水，洋洋乎！丘之不济此，命也乎！"黄河水这么壮美，而我不能渡河，大概就是命吧。

孔子周游列国，遇到了诸多困难：在匡地和人发生冲突；在宋国差点被人杀害；在蔡国和陈国的交界被围困许久；在郑国被人说是"丧家犬"。

后世有人认为，孔子周游列国是失败的，因为他走到哪里都不受国君待见，虽然他名声很高，大家都礼遇他，但各国都不肯重用他。其实事实正如我们前文所说，孔子从少年起，就得到许多国君的赏识，想要重用他，可是他心中有着自己的衡量尺度——他与国君之间双向选择，因此孔子始终没有遇到与他"双向奔赴"的君主。

面对人生理想与无常现实之间的巨大鸿沟，孔子在一次次困境面前，稳住心态，保持君子的作为，等待峰回路转，最终成为超脱世俗的思想家。孔子成功的关键在于他有以下三条习惯。

其一，心态要稳，心态塑造格局。

比如孔子被困在陈国和蔡国之间时，情况异常艰苦，孔子和学生们只能靠吃野菜充饥，孔子却还能弹琴唱歌，还能向弟子讲述自己的思想。在儒家的故事版本中，孔子义正词严地说出："君子固穷，小人穷斯滥矣！"意思是，君子就算身处困境，也能秉持自身的操守，贫贱不能移。

而庄子则给了后人另一个更戏剧化的版本：孔子被困时，颜回听见子路和子贡在聊天，说我们的老师被鲁国驱逐，卫国人也不待见他，现在被围在陈、蔡之间，他老人家却还能弹琴自得，这难道不是无耻吗？

颜回把这番话告诉孔子，孔子推开琴感慨地说："真是两个小人，你把他们叫来，我有话跟他们说。"这两个人来到孔子面前，子路说："像我们现在的样子，可以称得上是穷途末路了啊！"

孔子却说："这话怎么说的？如今我抱着仁义之心却遇到乱世祸患，这怎么能说是穷呢！这正是我们应当自我反省的时候，面临困境时不失去道德，就好比只有在天冷霜雪降临的时候，才能知道松柏的茂盛。被围困在陈、蔡的关口，对于我来说才是幸事。"

孔子说完就继续去弹琴唱歌，而子路、子贡也从孔子的话里得到了力量，迅速反思。这段故事告诉我们，所谓得道之人，无论是穷途末路还是大路通达，都能够自得其乐。

庄子在另一篇故事中，借卫国人之口把孔子比喻成祭祀用的刍狗。献祭之前，人们对刍狗毕恭毕敬；献祭结束之后，刍狗就会被丢弃了。

然而孔子的稳固淡然、不为外物动摇的心态，正折射了他的"道"。

能力和运气决定你的上限，而心态往往决定你的下限。心态失衡给人带来的打击往往是毁灭性的，如果被击败，一蹶不振，那你此后的人生只能向低处走。

反过来，如果稳住心态，就有可能逆风上行。

孔子心态的稳健还在于内部逻辑自洽，他不需要依靠外部的评价体系来稳固自我，就如他所说"君子求诸己，小人求诸人"。君子向来对自己提出严格要求，小人则习惯苛求他人。无论遇到什么事情，不要张口就责怪客观条件。

儒家坚持"克己复礼为仁"，就是说，要约束自己，使每件事都归于"礼"这个层面，从而用"自律"打造"自由"。

另外，孔子的好心态离不开“乐观”这一关键因素：乐观稳住格局。

曾有人嘲讽孔子：“大哉孔子！博学而无所成名。”这话看似是夸赞孔子博学，实际上也可以解读为孔子没有专业，什么都懂一点儿罢了。孔子听人这样评价，却并不生气，只是对弟子们调侃说：“吾何执？执御乎？执射乎？吾执御矣。”也就是说：让我选个专业，我选什么呢？驾车？射箭？还是驾车吧。

人在面对非难时，不急不躁，心态坦然乐观，那就相当于在困境与苦难面前，拥有了不败金身。

保持乐观视角看待世间万物，不失为简单高效的小习惯，保持微笑，格局打开！

再说习惯之二，关乎身体素质的养成，这是开拓格局的基础。

孔子周游列国十余年，时年近七十，在他的时代，算是相当高寿，更是相当有活力。

他保持身体素质与行动力的秘诀有两方面。一方面在于吃。孔子对于吃是很讲究的，“食不厌精，脍不厌细”“肉虽多，不使胜食之”，他既注重消化，又强调以素食为主，饮食要适量等，以“吃得均衡讲究”打造良好体魄，这不失为现代人性价比最高的习惯之一。另一方面，“君子坦荡荡”的心态也促成了健康体魄的养成，放宽心胸，保有广阔格局，有百利而无一害。

他的习惯之三，是始终秉持更接近正确的认知，令人不至于剑走偏锋，格局稳固。

人与人最根本的差异就是认知能力的差异。认知影响选择，而选择改变命运。

孔子曾说：“饱食终日，无所用心，难矣哉！”这句话的意思是有所作为才能体现人生价值，其中的方向也是要自己来选择的。因此孔子放弃高官厚禄，选择传道授业，在风雨飘摇中周游列国，只为推行仁义道德，力图利国利民——他的认知决定了他的格局。

不得不说，人的一生都在为自己的认知买单，而提升认知，最高效的办法就是扩展阅读，这也不失为一个高性价比的好习惯。可见，孔子能够历经百转千回，经受住诸般打击，强大的精神力量是不可或缺的。在孔子成为圣人的路上，他的若干习惯，每一项都是开拓格局的制胜因素。

第2章
刘邦

不会打仗谋略不高，
凭什么当开国皇帝？
只用一招拓展格局

刘邦

不会打仗谋略不高，凭什么当开国皇帝？只用一招拓展格局

“逆袭”这个词语充满诱惑，“草根”们向往从底层起步，攀登高峰。而细究这一过程才知道，很多成功“逆袭”的人士，从一开始，格局就与旁人不同。

当然，“逆袭”的主语可以是一个人，而“逆袭”的过程必定有许多人参与，关键在于识人用人，组织起他人的力量。汉高祖刘邦是这方面的翘楚。

如果一个人视野独特、认知丰盈，却不会与他人合作，人际关系一塌糊涂，那么他算不算“大格局”？

当然不算！

张良、韩信、萧何等“顶级打工人”为何在乱世中选择刘邦作为“老板”，其实与刘邦的为人、策略和格局有着莫大的关系。刘邦为何能在乱世中网罗英才，保证团队凝聚力？他明明起步很晚，为何能在短短七年时间内，从一介布衣晋升为大汉开国皇帝？

这个问题，不仅后人好奇，当时许多人也好奇，刘邦曾对此作出解答。

话说刘邦在击败项羽后，曾经摆酒宴请诸位大臣，酒过三巡，刘邦率先替大家问出这个问题：“来来来，各位，你们都说说，我为什么能打下天下，项羽又为什么失去了天下？”

群臣回答：“陛下大方，舍得封赏，而项羽遇到有功之臣，印把子在手里都

快磨坏了还舍不得发下去。”

刘邦摇摇头说：“我之所以有今天，得力于三个人。运筹帷幄之中，决胜千里之外，我不如张良；镇守国家，安抚百姓，我不如萧何；率百万之众，战必胜，攻必取，我不如韩信。这三位都是精英，我能够用他们，这就是我能打天下的原因。”

刘邦这话说得很实在，也道破了玄机：成大事者，不必每个方面都优秀，但是一定得有善于用人的能力，要有领导力。所以刘邦的成功就在于他拥有卓越的领导力。刘邦的说法其实非常超前，相当于现代管理学上的“奥格尔维定律”。即当领导者用人时，如果雇佣的都是比自己出色的人才，就能够把事情做大做强。而如果雇佣的人都比领导者还糟糕，那么只能向下沉沦，做出更糟糕的事情，成为“矮人国”。在后者的模式下，领导者的能力就成为限制团队发展的天花板，项目很难顺利推进，团队难以产生新鲜的想法。想法与执行双重受限，团队又怎么会达成更高的目标呢？

因此，遵循“奥格尔维定律”的刘邦，在用人一事上格局非同凡响。以下是他用人的几点关键习惯，非常值得参考。

用人贵在“信”与“诚”

这关键启示之一，就是用人信人，袒露自己相对真实的一面。

刘邦虽然读书不多，但是他真诚。他知道自己的学识和能力在当时比不上很多优秀的人才，因此选择接纳并且包容那些为他所用的人才，而且不在他们面前逞强，有需要示弱的地方，他还能直接低头，毫不掩饰。

刘邦在和部下相处时，有种真诚的洒脱。

刘邦麾下，将星如雨，谋士如云，人才济济，后人熟知的萧何、张良、陈平、韩信、樊哙、夏侯婴等人，都在为刘邦打天下。正因为刘邦自然天真、洒脱不羁、不事算计的个性，所以他才能集结起这样一支出身各异而各有所长的豪华团队。再看现在的一些企业领导者，要么自视无所不知、无所不能，要么演技十足，虚情假意。如此一来，他的团队凝聚力自然不高，企业发展也肯定会受到影响。

刘邦能够在初见人才时大开大合，不拘小节，同样能在运用人才时用人不疑，放手交托。

刘邦的谋士郦食其，有才但狂傲。

对待狂傲的人，刘邦有一套办法，他往往是先打击对方的士气再使其折服，所以初见郦食其时，刘邦正在倨傲无礼地洗脚。可以说，没有一点儿上位者的样子。

不料郦食其倒是先来骂刘邦，质问刘邦到底是要帮助秦来消灭诸侯，还是帮助诸侯灭秦呢？刘邦一听，破口大骂，郦食其却继续说：“你想要汇集天下英雄诛灭暴秦，却不懂得尊重长者，只知道看人外表，你要是真的有夺取天下之心，不得礼遇我吗？”

刘邦心想确实是这么回事，他这个人向来很听劝，而且虚心受教，对待郦食其也是如此。于是，刘邦马上将洗脚盆收好，规矩地穿好衣服，请郦食其上座。

刘邦能袒露自己真实的一面，懂得有分寸感，知道根据不同的人才类型选择不同的对阵策略，自然能把人才掌控住。

在生活中，很多时候真诚即是真实，真实便是坦荡，它能帮我们带来对方的信任。与其遮遮掩掩，彼此猜忌，倒不如亮明底牌。

另一方面，敢于用人不疑也是刘邦掌控力的体现。

同样的人才，在刘邦和项羽手下分别受到不同的待遇。刘邦麾下有不少人都是从项羽阵营中“跳槽”而来，比如刘邦手下的奇才谋士陈平，转投刘邦后还不肯罢休，吐槽老东家项羽，认为项羽完全不能善用他的计策，听都不爱听，项羽相信的，无非项氏家族的人和自己妻子家族的亲戚，其余的人就算有才，他也不委以重任。

任人唯亲这一大忌，可以说是人才管理中削弱格局的重要雷区。

陈平因为觉得待在项羽手下没前途，才投奔刘邦，而刘邦待他自然是非常信任。陈平作为刘邦手下的情报管理专员，提出可以用贿赂来挑拨项羽手下人内斗的建议，刘邦干脆就给了陈平四万金，让他自己去运作，也不过问资金用途。

领导者能否用人不疑，是衡量领导者格局的标准之一。

用人不疑能够打造出健康的团队氛围，让员工肯做事、敢做事、愿意主动做事，打消员工的顾虑，挖掘员工的潜力与积极性；反之，领导者在每个流程上疑窦丛生、监督严密，是在变相打击员工的积极性与削减运作空间，这会使员工瞻前顾后，久而久之，员工只愿意完成工作中最基本的部分。

职场中说的“看老板格局够不够大”，往往说的就是这一层面。让员工放手去做，也代表着老板心中有数，更有兜底的能力，我们何尝不能赞一句“大格局”？

用人不疑的前提是对人才进行才能和可信度评判，这属于知人善用的重要部分。刘邦自然不是随随便便见人就信、见人就用，他时时刻刻在运行着可靠的人才评判体系，对于他肯定的人才，比如郦食其，就算出了馊主意，他也能包容，多给机会，直到郦食其发挥所长；而对于不可用之人，刘邦自然干脆舍弃。

有舍有得，干脆利落，方见格局。

用人贵在将人才放在正确的位置上

关于刘邦用人，还有另一位不得不提的重磅人物，也就是汉初三杰之一的大将韩信。他原本也在项羽手下，可项羽让韩信担任执戟郎中，这个职位相当于是贴身保安，品级不高，也没什么大前途，韩信自然不能安于当“保安”，毕竟他对自己的认知是“韩信将兵，多多益善”。

项羽不能善用他，韩信就转投了刘邦阵营，不料一开始他还是没有受到重用，差点儿连命都丢了。好在韩信的临危不乱打动了监斩的官员，萧何也看重韩信的才能，把他推荐给刘邦，还为了留住韩信亲自来了一出“萧何月下追韩信”。

在萧何心中，刘邦的军事才能虽不错，却还是不够出色，无论是项羽还是章邯，刘邦都打不过。从萧何的评价中可以看出，刘邦能够容忍团队成员对他的客观评价，绝不搞一言堂，能够清晰地认知自己与他人的优劣，客观判断。

因此，连招揽韩信这种事刘邦都不用亲自来做，萧何就胜任了人才考察、人才提拔工作，人才跑了还得顶着逃跑的名号亲自把他追回来。

这其实是一种连锁反应。善于用人的刘邦，正是敢于放手信任，才能埋下萧何这颗种子，才能为自己招来了战无不胜的韩信。

刘邦听取萧何的建议，将韩信拜为大将，虽然在此之前他没怎么听说过韩信，也完全不了解情况，但他还是破格提升了韩信，可见刘邦给予萧何足够的信任。他还悉心听取韩信对于他和项羽的分析，用人相当不拘一格。

可见，刘邦的策略可以让成员迅速融入团队，十分顺畅地进入合适的岗位和角色，几乎不需要磨合期，这大大提高了团队的运作效率。在抢时间、抢资源的乱世中，效率至高不失为一种捷径。

这其实也正体现了刘邦用人的关键启示之二，即刘邦懂得识人用人，将合适的人才放在恰当的位置上。也正是这一关键，为他的用人不疑打下了基础。

他没有项羽的天生勇武，但他“闯到江湖”多年，积累了识人知人的本事。

他西入关遇上张良，发现张良满腹韬略智慧，可以助他成就一番事业，他就经常向张良请教，可以说是把张良当成了自己的老师，对张良毕恭毕敬。萧何向他推荐韩信，让他诚心诚意地拜韩信为大将军，他就选了个好日子，举行了隆重的拜将仪式，成功把韩信收到麾下。

在称王称帝的创业路上，刘邦对麾下的人才，选择了信任与放权，让他们各司其职，人尽其用。刘邦敢用人，善用人。好的管理者就是集合各方的力量，然后为自己所用。

用人贵在姿态漂亮

再说关键启示之三，即刘邦能够听取别人的意见，更能容下不恰当的建议或者批评，不斤斤计较，格局自然开朗。

刘邦是个很听话的领导者，他并不想做组织里的“最强大脑”，谁有好主意他就听谁的，少有刚愎自用，这也是我们前文提到“奥格尔维定律”的体现之一，如此打造的团队，每位成员的活动空间相当大。同时，他也能够容忍团队成员的“向上管理”，保证团队的生机与活力。

别人给刘邦提建议，只要他判断是对的，就能够虚心采纳。在入关中后，刘邦一开始也想入住秦宫室，坐拥美女、财宝，享受荣华富贵，樊哙、张良一看，这怎么行，大局还没定，哪能先享受呢？于是他们问刘邦，你是想做富家翁，还是想要天下呢？刘邦一听，顿时醒悟，赶紧退出咸阳，还军霸上。

就连陷入困境时，刘邦也没有归罪于团队成员，依旧保持着漂亮的姿态，虚心且相对客观地听取他人意见。

比如刘邦攻入楚国的首都彭城时，因为太高兴，接连开庆功酒宴，完全忘记了那个虎视眈眈观察着他们的项羽。《史记》中说刘邦的团队“故曰酒极则乱，乐极则悲，万事尽然”。

项羽集结了一支三万人的部队，火速向彭城进发，昼伏夜出。刘邦完全没有意识到即将来临的危险，还沉浸在攻下彭城的喜悦中，被楚军从后方插了进来，截断了补给线。刘邦率领的联军迎来大败，许多将士落水而亡。刘邦本人也仓皇出逃，老爹和老婆吕雉都被俘虏。

这正是《孙子兵法》中说的“骄兵必败”。

面对这么惨痛的失败，刘邦并没有迁怒他人，反而在进行自我反省。事后刘邦问韩信：“你觉得我能统率多少兵马呢？”韩信说：“也就不过十万人。”刘邦再问：“那你呢？”韩信答：“当然是多多益善。”韩信非常自信，也有如他所说的“多多益善”的能力，这同时透露出，彭城的六十万军队，已经超越了刘邦的统率能力。他对刘邦的评价相当不客气，刘邦没有气恼，自己也意识到了这个问题，指挥不到十万军队，运筹帷幄，倒还应付得过来，可是像彭城时期，指挥六十万军队，左支右绌，应付不过来，难怪被项羽的三万轻骑偷袭都发觉不了。

可见困境中的刘邦，依旧能容人，容下团队成员的客观评价。他不因一时困局而“甩锅”，也就在逆境之中保住了团队的凝聚力。面对一时局促，是加罪于团队成员，还是自我反思？刘邦选择了后者——相信能选择后者的管理者，格局自然开朗。

用人贵在赏罚分明

给予团队成员足够的空间，仅是“姿态漂亮”，然而想要保证团队的凝聚力，还需要一些实际的“漂亮”，这也是刘邦用人的关键启示之四：舍得分封行赏。

为功业舍得出钱，怎么不算大格局呢？

正如前文刘邦的群臣所说的，项羽分封给大家的，基本上都是别人打下来的。而刘邦不一样，他是根据战功来奖励的。打天下之后，分封行赏往往是稳定局面、避免再起战火的最好方式，也能化解一些内部的风起云涌。但是分封行赏也是一门学问，刘邦是怎么做的？

他先是分封了他最讨厌的人，给悬而未定的分封事件开了个好头，众大臣一看，心想：“妥，不着急了，大王连他最讨厌的人都给了奖赏，那我们这些功臣，肯定会被善待的。”这样一来，局面就稳定很多了。其次，在分封标准方面，刘邦在朝上公开说，谁的功劳大，谁得到的奖赏就多。萧何作为战略的制定者之一，指挥有方，应该大赏，而浴血奋战的将士们，也相应地封了爵位和封地。刘邦的舍得，使刚刚建立的汉王朝暂时稳定下来。

古话说：“利可共而不可独。”刘邦懂得在利益分配上运筹帷幄，是一个赏罚分明的领导。他对有功之臣从不吝啬奖赏，对有过之臣也不轻易杀戮。

他曾经说过：“吾得天下多贵臣。”他十分重视团队的力量。

他推行“以功封侯”的制度，让那些为他立下汗马功劳的将领们，都位列诸侯。比如张良、韩信、彭越、英布等，刘邦将他们都封为了王侯。刘邦还对他们说：“吾与诸君定分天下者，非惟吾力也。”他把自己的成果与他们共享，让他们感到自己是刘邦的合伙人，而不是仆人。创业阶段的刘邦，是这样说的，也是这样做的。至于创业成功以后卸磨杀驴，属于守业阶段，就是另一码事了。

创业阶段，有赏，也得有罚。对于一些犯错了错的下属，他也会给予一定的惩罚，但一般不会因为一时之怒而杀掉他们。他知道这些人都是有用之人，只要给予适当的惩戒就可以了。所以，在惩罚之后，刘邦还会给予他们机会和信任，并继续重用他们。

赏罚分明的好处在于，可以激励员工更加努力地工作，并且保持团队的纪律和秩序。如果只有赏，没有罚，团队中的成员就会变得懒惰和放纵；如果只有罚，没有赏，员工就会变得恐惧和抵触。刘邦赏罚分明，都是按照功过大小来定，而且他也会考虑到情理和人情。刘邦不会因为一点儿小过而杀人，也不会因为一点儿小功而封侯。他的赏罚，都是有度有节的。

总结一下，刘邦的用人策略无非几点关键启示：要真诚，精诚所至，金石为开，真诚待人，别人也会真诚待你；善用人，善放权，敢用人，一个人的智慧是有限的，一群人的智慧却是无穷无尽的，发挥各方力量，才能发挥执行力，扫清障碍；要能听进去别人的建议，避免一叶障目，许多人总觉得自己是对的，别人是错的，对别人的建议不听不理，久而久之，剑走偏锋，积重难返；最后，在一个团队中，要建立合理的奖励机制，而且要舍得把自己的东西分给别人，舍去一些利益，得到八方助力，进而获取事业的顺风顺水，前途坦荡，何乐而不为？刘邦在创业时的格局，可见一斑。

刘邦的用人策略，对如今的现代人，也有一定的指导作用。

他的格局大开大合，粗中有细，处处有着以小博大的远见。

这个世界上，优秀的人很多，但为什么有的人可以成就一番事业，有的人却单打独斗，在奋斗的路上遍体鳞伤，原因就在于，是否有团队凝聚力。能够发挥团队的力量，可以让一个人在奋斗的路上轻松许多，成功的概率也大许多。这就需要以上待人的细节习惯来打造，从观念上打开格局，缔造良好的领导能力。

在这方面，我们不妨向刘邦取取经。

第3章
司马迁

身处残酷的社会，
掌握好这一个本领，
做打不倒的人

司马迁

身处残酷的社会，掌握好这一个本领，做打不倒的人

有句话说："没有什么教育比逆境来得更实在。"

逆境可以磨炼人的意志，这是很多人都认同的，然而更现实的情况是，逆境更容易打垮一个人，使人变得心理扭曲、丧失自我。

这也就意味着，体面优渥时，往往看不出一个人的本质。在困境和低谷中，才能见识到一个人最本质的格局。

成功者之所以取得成功，很大程度上取决于他面对挫折、摆脱困境和超越困难的能力，也就是一个人的"逆商值"。"逆商"，即一个人面对挫折、摆脱困境的能力，"逆商"高的人，能够面对逆境不动如山，打破格局上限的好习惯。

自古以来成大事者，在困厄之中能表现出了超强的意志力，有积极应对的态度，有坚忍不拔之志。他们的逆商往往很高。这种品格是天生的吗？并不是。同样是经历挫折，为什么有的人可以锤炼出超高的"逆商值"，越挫越勇，有的人却一败涂地，越挫越怂呢？两千年前的司马迁可以给我们一个好答案。

专攻历史，深厚知识积淀于胸

司马迁承受腐刑，却铸就第一史书的故事，很多人都听说过，但是我们要先从年轻的司马迁说起。

司马迁出生在史官世家，他的父亲司马谈是西汉的太史令。而且司马氏先祖从周代起，就担任王室史官，掌管着文史、星卜、祭祀等事宜。可以说，司马迁对历史的钟爱，是有家学渊源的。从小的耳濡目染，让司马迁在心里种下了这颗热爱历史的种子。司马迁从小受到了良好的教育，他在十岁时，就被父亲接到了首都长安，由父亲亲自指导他学习“古文”，也就是西汉以前的文字。在当时，朝廷是这样规定的：史官必须能够读写五千字和掌握八种文字。这个难度是相当大的。

于是，司马迁十岁就开始了浩大的识字工程。此外，司马谈还专门给司马迁请了名师来辅导。其中，最出名的是这两个人，一个是汉武帝的座上宾，提出“外儒内法”的当朝红人董仲舒，还有一个是孔子的第十代孙，西汉大儒孔安国。在司马迁二十岁的时候，饱读史书、功底扎实的他掌握了作为史官的专业技能，通过了专业测试，获得了当史官的资格，也就是说，他可以子承父业了。但是，当时司马谈身体健康，事业顺利，也不着急让儿子接班，他认为，如果儿子要成为一名伟大的史官，还要多积累。

于是，年轻的司马迁开始外出游历。在那个交通不便捷的年代，他去了今山东、河南、安徽、浙江、江苏、湖南、湖北等地。所到之地，他都认真记录当地的风俗传说，看历史古迹，整理人们口口相传的故事。这长达几年的旅途，让司马迁领略了山河大地、悠悠历史。当然，他这一路并不是非常顺利，虎豹豺狼、土匪强盗都遇到过。在结束旅途后，他回到长安，成为皇帝的近侍郎中。司马迁因为能力突出，得到汉武帝的赏识，经常有出差任务，最远的一次，到了今云南昆明。这些外出调研的经历，为他之后撰写《史记》奠定了基础。

出任史官，正直品格招致横祸

公元前108年，司马迁继任太史令，继承父业，开始著述历史。

按理说，司马迁的仕途应该比较光明。但是，由于司马迁太正直，没几年就遭遇了横祸。

公元前99年，李陵出征匈奴，战败被俘。消息传回西汉后，本来就对李陵有些不满的汉武帝火冒三丈。大臣们看到天子生气了，一个个附和着，要严惩李陵。这时候，汉武帝问司马迁对这件事怎么看。没想到司马迁却仗义执言，替李陵辩护。汉武帝龙颜大怒，司马迁获罪下狱。其实，李陵之祸只是导火索，司马迁在撰写《史记》时的秉笔直书，已经让汉武帝有些不满了。按照当时的律法，只要交够赎金，是可以免除腐刑的，但是，当时司马迁得罪的是天子，没有一个朋友敢帮他，司马迁自己又“家贫，财赂不足以自赎”，他家底不够，拿不出足够的钱财，所以他只能在腐刑和死亡之间二选一。

活下来，为使命宁愿受辱

在死亡和受辱之间，司马迁选择了后者。这样的遭遇，对一个意气风发的男人来说，简直就是灭顶之灾。司马迁强忍着悲痛，选择活下来，而且他还要继续做下狱之前的事，那就是完成《史记》。

司马迁的好友任安在被处以腰斩前，曾经委婉地向他求助，希望他可以在汉武帝面前替自己说情。虽然司马迁很想帮他，但消息传到时已经太晚了。他只好写了《报任安书》作为回信，在信中，司马迁描述了自己受辱的经历，以及李陵之祸的经过。这封信与其说是安慰任安的，倒不如说是司马迁的自白。司马迁认为，士大夫要有尊严，面对斩杀，宁愿自杀也不肯受苦，不能受辱。他不怕死，但他认为“人固有一死，或重于泰山，或轻于鸿毛”。他没有选择赴死，是为了坚守比生命更加重要的东西。最终，在深切的疼痛和屈辱当中，前后历经14年，司马迁终于完成了煌煌《史记》。这是我国历史上第一部纪传体通史，对后世的史书写作产生了深远的影响，也为我们的精神宝库增添了浓墨重彩的一笔。司马迁的精神也影响着、激励着一代代著史作者，给我们的心灵带来了深深的震撼。

司马迁的命运是悲惨的，但是他的使命是伟大的。司马迁的人生是成功的，他在莫大的磨难之中，在难以承受的屈辱当中，选择了活下来，接受这些磨难，忍受这些苦楚，最终成就伟大的事业。

司马迁的命运灰暗但又光彩熠熠。他能够凭借超强的意志力完成自己的使命，实现自己理想，体现自己的人生价值。这都源于他超强的逆商。我们在人生旅途中，终究难免遭遇各种挫折和困境，遍观司马迁的经历，它带给我们什么样的人生启示呢？

司马迁遍历河山，为自己的史学写作做积淀，他虽然在途中遇到了各种意外的冲击，经受了难以承受的考验，但是他都挺了过来。游历丰富了他关于历史的理解，了解了更多的风土人情，让他有了更加深厚的积淀。

司马迁在经受腐刑之后，不仅要忍受肉体上的巨大痛苦，还要忍受精神上的煎熬。当尊严受到挑战，人格受到侮辱，司马迁在理想和体面之间，选择了理想，这个决定是艰难的，但也是坚定的，他必定承受了巨大的精神压力。他是怎样在饱受精神和肉体的煎熬的同时完成《史记》的，我们无法想象。他的意志力强大到什么程度？这样的逆商是怎样发挥力量的？我们不得而知。但这样的逆商，成就了伟大的《史记》，成就了伟大的司马迁。选择之中，可见其格局。

究竟什么是逆商？

在成功路上，一个人除了情商（EQ）、智商（IQ），还有一个至关重要的因素，那就是逆商（AQ）。IQ、EQ、AQ并称“3Q”，有专家甚至断言，100%的成功=IQ（20%）+EQ和AQ（总共占80%）。

逆商是美国职业培训师提出的概念，近几年比较流行，也是根据逆境出人才的理论得来的。逆商是抗逆力的商数。抗逆力也称抗挫力，即一个人遭受挫折后，能够忍受和摆脱挫折的打击，在逆境中保持健康、正常的心理和行为的能力。

逆境有小有大。考试不及格是逆境；在职场上被同事冷落是逆境；面对事业变故，遭受巨大的心理创伤，也是逆境。

逆商不仅是成功的基础，更是一个人成熟的必备的能力。抗挫力就是人的心理免疫系统，可以保护我们免受困难与挫折的侵蚀，还可以提高生命的动力，以勇气与智慧去探索未知的世界。

国内外研究者在对抗挫力的作用机制进行研究后指出，在人的成长过程中会有一类风险性因素：有些是家庭层面的，如出生在贫困、留守家庭等；有些则是偶然事件，如考试失败、被同伴拒绝等。相对地，人身上也有一些保护性因素，如性格开朗或遇到贵人等。保护性因素在与风险性因素共同作用的过程中发挥着积极的作用。

逆商高的人，就是保护性因素所起的积极作用战胜了风险性因素所起的消极作用，让人能够战胜挫折从逆境中走出来。所谓逆境出人才，即从逆境里走出的都是逆商高的人才。而寒门出的贵子，其身上最可贵的品质就是抵抗逆境的能力和品格。

2019 年，诺贝尔化学奖授予了 3 位在锂电池研究领域做出卓越贡献的研究者，其中有一位研究者约翰·班宁斯特·古迪纳夫，一生经历了各种困难、挫折、失败，在 97 岁高龄终于得到诺贝尔化学奖，这位“锂电池之父”成为诺贝尔奖项史上最年长的得主。如果我们可以测一测他的逆商，那一定是超高水平的。

逆商低的人，就是保护性因素不足以帮助他走出逆境，使得他在逆境中无法承受，出现了焦虑、抑郁等心理问题，严重的甚至产生自杀倾向。

研究发现，与智商相比，逆商在后天的可塑性更强。逆商的培养成型，跟我们的思想有关。思想有多远，我们就能走多远。面对逆境，如果以消极的心态去认知，我们必然会被逆境压倒。反之，以积极的心态去认知，我们最终就能突破逆境。

司马迁经历了各种困苦，却依然坚持丰富自己的见闻，积淀史学知识；受到了残酷的刑罚，却依然能坚定做出选择；承受了莫大的屈辱，却还能坚持完成使命。这就是逆商超高的表现，也是他能够成功的关键因素。

论视野，他看向远处、专注理想；论态度，他未曾气馁、孜孜不倦，不囿于眼下困境，志存高远，以理想作为依托，支撑自身积极行动。这正是值得每个现代人借鉴的“逆商式格局”。

人生困境中，以逆商见格局

在司马迁的《报任安书》中有这样一段话，阐述了人在苦难中坚持的意义：“文王拘而演《周易》。仲尼厄而作《春秋》。屈原放逐，乃赋《离骚》。左丘失明，厥有《国语》。孙子膑脚，《兵法》修列。不韦迁蜀，世传《吕览》。韩非囚秦，《说难》《孤愤》。诗三百篇，大抵圣贤发愤之所为作也。”

这些优秀人物在困苦当中越挫越勇，磨炼了自身坚韧的品格，提升了自己逆商。正是因为这样，才最终实现了自己的理想，成为我国历史上成为不可磨灭的出色人物。

同样，《孟子》中也讲道：“故天将降大任于是人也，必先苦其心志，劳其筋骨，饿其体肤，空乏其身，行拂乱其所为，所以动心忍性，曾益其所不能。”拥有超高逆商的人，在磨难中将逆商再提升一个层次，从而使自己有从容面对困厄的品质，有极强的忍受挫折的能力。

其中格局，不言自明。

我国历史上向来不乏以逆商闻名的人物。文学家苏东坡在“乌台诗案”后，也能自我重建。

苏东坡虽然没被杀头，但在身份显赫之时被贬到了黄州。这个时期，他写了一首著名的词，叫作《定风波 · 莫听穿林打叶声》。这首词描写苏东坡与朋友一起出游，忽然遭遇了风雨，大家都很狼狈，苏东坡却是在风雨中泰然自若，缓步而行的情景。词中写道："回首向来萧瑟处，归去，也无风雨也无晴。"苏东坡好像在暗喻自己的处境，风雨交加，穿林打叶，来势很猛，但风雨过后，一切回归平常，也无风雨也无晴了。苏东坡告诉我们，面对挫折，可以这样如常面对。

在人生道路上，当困难降临时，我们应该以什么心态看待挫折，发挥自己的逆商呢？以下几个习惯至关重要。

（1）不要放大挫折。

令人难受的事情已经发生，我们只能接受，没有什么事情是天大的事情。很多人都有这样的感受：一经挫折与失败，就感觉天都塌下来了，自己就是最没用的人，否认自己的价值。但时过境迁，回头看看自己的经历，实在是没什么大不了的。

（2）保持信念，学会忍耐。

"古之立大事者，不惟有超世之才，亦必有坚忍不拔之志。"苏东坡对于成大事的人有这样的总结：他认为，有超强的忍耐能力，忍人之所不能忍，才能在困境中免疫所有的屈辱、苦楚。

司马迁选择苟活于世，只是因为理想还没有实现，那个从小种在他心里的史学梦，比自己的生命还要重要。这种信念，让他无论经历多大的挫折，都能勇敢地活下来，他凭借惊人的意志力，化痛苦为力量，终成大业。

勾践卧薪尝胆，韩信忍胯下之辱，都是为了日后的腾飞，他们相信自己的目标终究会实现，抱有这样的信念，还有什么不能忍耐？舍小节取大义，这是明智的选择，也是一个人格局的体现。

（3）在磨难中成长，用强者眼光看待挫折。

弱者思维是遇到一点儿磨难就会战战兢兢，甚至怨天尤人，遇到一点点小水洼就好像跌入深渊。

而用强者思维看待挫折的人，能将悬崖当作小坎坷，因为他知道，所有的事情终会过去。拥有强者思维的人，甚至可以在困境中获得提升，在苦楚中嚼出甜味，古人云："艰难困苦，玉汝于成。"且不说能否让挫折给自己提升，他们明白这个道理，抱有这种心态，单单靠这个，就足以积极面对所有的困境。

强者，可以在挫折中磨炼心性，可以在受委屈中吸取教训，让自己更加清楚自己，更加明白这个世界，更加了解人性，所以就能更加让自己保持冷静。在困难中重生，不否定自己，会让人更加自信，更有能力去面对未知的风雨。

带着强者思维看待挫折，能让人自然地摒弃退缩畏惧的心理，不断磨炼自己的逆商，成为一个真正的强者。

人生的挫折有很多，司马迁之所以越挫越勇，逆商值爆表，只因为心中有梦。

在漫漫人生路上，一个人，身体上或许会吃很多苦，但是千万不能丢了自己的灵魂，这正是司马迁为现代人带来的启示——坚持自己的信仰和理想，这样纵使人生跌入谷底，也有不坠青云之志，也可以成就一番事业。因此，千万不要轻易放弃自己的梦想，因为终有一天，它会成为你人生的动力，会成为支撑你格局稳固的最有效力量。

第4章
司马懿

一生严守两个字，
熬死了诸多三国英雄，绝地反击

司马懿

一生严守两个字，熬死了诸多三国英雄，绝地反击

在快节奏的社会里，现代人多多少少都在追求效率和速度。快一点儿，再快一点儿！从起跑线起，就“卷上加卷”，似乎慢一步就跟不上大家的节奏了。张爱玲说：“出名要趁早，晚了就来不及了。”真的是这样吗？

速度快，未必格局广！

其实，有一种成功，反而是文火慢煮熬出来的。俗话说：“好饭不怕晚。”如果你的目标很远，要走的路很长，那么晚一点儿也没关系。所谓“格局”，正是目光越高远越能见效。在三国时期，有这样一个人，后人开玩笑说他是熬死了很多人，才成了最后的大赢家，他以腹黑隐忍闻名，以城府缔造格局。他的人生，正是沉得住气的人生。

他就是司马懿。

水积而鱼聚，木茂而鸟集

司马懿是三国时期魏国的政治家、军事家和谋略家，虽说他沉得住气，晚年出彩，但他的早年也并不是平平无奇的。

公元201年，曹操为了报答司马懿的父亲，也就是司马防的举荐之恩，想要举荐司马懿，司马懿却借口自己有风麻症，腿脚不好使，逃过了这次征辟。

时隔七年，公元208年，曹操强征司马懿为文学掾，这一次，司马懿同意了。

这其中有些耐人寻味。为什么司马懿七年前不同意，七年后却同意了？

因为形势不同。司马懿纵观大势，再结合自身需求，才做出选择——这是他眼光独到的体现。

司马懿并非没有才能，他只是不想太早地崭露头角。七年前，曹操想用司马懿，一方面是为了报恩，另一方面是为了更多地收一些人才在自己的麾下。当时正值官渡之战后，曹操声名满天下，身边人才济济。

曹操招贤纳士，其实也是为了拉拢天下人才。而司马懿考虑的是家族利益，当时他家中已有人加入曹操集团，而且是“带资入股”，如果自己再去曹操麾下，恐怕会引起曹操的猜忌，给家族带来麻烦。同时，曹操麾下人才很多，多自己一个也不多，去了也未必会被重用，因此他找借口推掉了。曹操心里也清楚，对于司马家，反正面子给到了，恩情也算报了，你愿意装病就装去吧。

七年后情势大不相同。在家待业的这些年，司马懿没有闲着，看书、交友，可以说各方面都有所提升，而且曹操刚经历赤壁之战的惨败，急需人才辅助，此时司马懿又有曹操手下荀彧的推荐。这次入仕，正是好时机。

前文说到，司马懿入职后，做的是文学掾这一职位。这是个文职，官不算大，也没有实权。司马懿也并不着急，入职后的几年，他经历了职位的变动，也积累了许多经验。

他给曹操营造的是一种“我有些小才能，也有些小本领，我会很老实本分地工作，忠于曹氏集团”的形象。他不显山不露水，让自己处于不被人提防，但也不被人轻视的位置。

后人无法得知此时的司马懿是否有异心，然而我们看到此时他的隐忍和韬光养晦。

也许他在等待时机，也许他只是想在乱世让自己和家族不受到太多的影响。

他深知，曹操太聪明，在他手下做事，一定要小心。他也意识到，在曹操手下做事要有所依仗，因此，在曹操的几个儿子中，司马懿选择了曹丕。司马懿与曹丕交好，也许是性格相投，也许是互相欣赏，总之，日积月累，司马懿成了曹丕很看重的人。

后来，司马懿成功帮助曹丕夺得储位，获得了胜利。这场胜利，让曹丕和司马懿悬着的心都暂时放了下来，因为不出意外的话，曹丕就是曹操集团的下一任CEO，而司马懿作为继承者的好友兼谋士，其地位是没有人可以轻易动摇的。

公元219年，曹操晋封魏王后，司马懿被封为太子中庶子，佐助曹丕。不久，转为丞相军司马。公元220年，曹操去世，曹丕即位，同年，曹丕登皇帝位，史称魏文帝。

这一年，司马懿被任命为尚书，不久转督军、御史中丞，封安国乡侯。此时的司马懿地位已经相当超然。曹丕深知司马懿的本领，对司马懿比较敬重，但是也有些顾忌，毕竟对方与自己并不沾亲带故。

司马懿当然知道高处不胜寒的道理。曹丕没给他兵权，有利有弊，益处在于他自己能更加安全一点儿，少遭到忌惮。此时司马懿不动声色、踏踏实实地给曹丕打工。最终，他赢得了曹丕的信任。

曹丕在临终的时候，选择了曹真、曹休、司马懿和陈群四位托孤大臣，来辅佐曹叡。

四人之中，曹真、曹休是曹魏的宗室，曹真是曹操的养子。司马懿和陈群，属于异姓大臣，选择宗亲托孤是因为同宗对曹魏的忠诚度肯定高，选择异姓大臣进行托孤，一方面是出于信任，另一方面他们可以对同宗的权臣起到一定的牵制作用。由此可见，司马懿确实赢得了曹丕的信任。

对于司马懿来说，幸运的是，曹氏集团的人寿命都不长，托孤大臣曹真和曹休，在经历了几场征伐后，相继离世。曹叡在位期间，陈群和司马懿成了曹魏朝廷的元老。曹叡对司马懿的态度和父亲曹丕不同。当时曹氏家族人才断层，司马懿又文武双全，曹叡虽用他，但是一点儿也不放心，十分忌惮。司马懿为了打消曹叡的疑心，选择统军在外，帮助曹叡抵御西蜀的进攻，消灭孟达，又远征平定辽东。而且他比以前更懂得隐藏自己，言谈间低调谦和，从来不居功自傲。

曹叡的寿命也不长，在公元239年驾崩。陈群在两年前就去世了，曹叡临终时只好选择司马懿和曹真的儿子曹爽为托孤大臣，来辅佐养子曹芳。不管信不信任，曹叡能依仗的人，也只有司马懿了。

沉得住气：高筑墙、广积粮、缓称王

但是，曹氏集团的这次托孤，却不像上次那么顺心。

韬光养晦多年，司马懿的机会终于来了。

公元249年，司马懿发动高平陵之变，诛杀曹爽，还灭了曹爽三族。这一事件淋漓尽致地体现了司马懿心机深沉的特点，他胜在一个隐忍。

司马懿极会装病，这一招，从曹操用到曹芳，可以说是人生如戏，全靠演技。前文我们提到当年曹操叫司马懿来任职，司马懿“辞以风痹，不能起居。魏武使人夜往密刺之，帝坚卧不动”。司马懿就是在半夜也演得很敬业，骗过了曹操的探子，断断续续装了七年。

当站在权力巅峰时，这位年近七十的老人家，还在“倾情出演”。

司马懿故技重施，在曹爽派司马懿的老部下来看他时，他哆哆嗦嗦拿不起衣服来，粥也喝不到嘴里，洒得到处都是，还把“荆州”听成了“并州”。要命的是，他的竞争对手曹爽，还真的相信了，对他放松了戒备。

不久后，他就发动了高平陵之变，司马懿就此把曹魏的军权掌握在自己的手中。在这一事件中，关键有三点。

其一，司马懿懂得适当示弱，留有余地。

人们总是忌惮有权有势有能力的人，谁会忌惮一个病弱昏聩的老人呢？

其二，他善于抓住时机，一击毙命。

别看他装病装得起劲，曹爽一放松警惕，跟随皇帝曹芳前往高平陵扫墓，司马懿便当机立断，火速裹挟重兵、控制京城。

其三，他善于利用舆论。

一旦掌握了主动权，司马懿就迅速罗织罪名，给曹爽定罪扣帽子，紧追不舍，确保取得全面胜利。

这时，司马懿已经是个货真价实的老年人了，为了这一场政变，他隐忍谋划了数十年。就像《孙子兵法》中说的："谋定而后动，知止而有得。"谋划周全后才行动，确定目的地才能有所收获。

遇事缓一缓，多思索几次，再做回应，别让急躁占据上风，做出冒失的回答——从这一习惯做起，方能渐渐掌握"沉得住气"这一习惯，从而拓展自身格局，不为一时进退而患得患失，而是以长远计。

司马懿的胜利并非偶然，"沉得住气"这一习惯，在数千年历史上，屡试不爽。

比如在元朝末年的乱世争雄里，朱元璋也因为这一优势而获胜。他听谋士朱升的战略方针：高筑墙，广积粮，缓称王。这短短九个字可以说奏响了朱元璋的凯歌。

当时北方元朝的铁骑控制力尚在，策略是"枪打出头鸟"，哪一方称王，就针对哪一方。而这时的南方则是群雄并起，有占据着富庶地带的张士诚，也有特别能打的陈友谅，而朱元璋此时在南京一带，不仅地盘小，实力也不够。

古话说："木秀于林，风必摧之。"在元末群雄并起的时代，挨打的当然是风头最盛的，所以朱元璋干脆选择不做出头鸟，顶着韩林儿的名号，做自己的事情。他沉得住气，听从朱升的建议：

高筑墙——先做好防守，第一要务是自保；

广积粮——充实兵马粮草，为将来可能的战斗做准备；

缓称王——让元军先去找那些称王的算账，这样他就可以坐山观虎斗，看着两边消耗力量，何乐而不为？

在这么一番乱斗之后，南方基本平定，元军只剩下一个敌人，朱元璋手下的将领们沉不住气了，建议直捣元都。可是朱元璋还是很谨慎，他深知元都这块硬骨头并不好啃，万一粮饷不足后勤跟不上，就要面对孤立无援的境地。

朱元璋力排众议，一边缓步蚕食，一边等待元朝内部争权夺利、加速内耗。最终他等到时机成熟，一举拿下元朝都城。

就像朱元璋所说："建大事者，必勤远略，不急近功，故泰山之高，非篑土可成，江湖之广，由勺水所积，天下之大，岂一日可定也？自古帝王之兴，皆上察天运，下顺民心，从容待成，曷尝急遽？"他的意思是，要成大事，必须有深远的谋略，不要急着一时的功绩，一筐土也堆不成泰山，一勺水更是积不成江湖，天下这么大，那是一夜之间就能平定的吗？所以要从容，慢慢来。

放到我们现代的生活来说，朱元璋采取的九字攻略依旧具有借鉴意义，能够成为重塑生活节奏的好习惯："高筑墙"，就是选择合适的事业和环境，为自己创造良好的工作环境，稳定心态，以不变应万变；"广积粮"是在客观条件上不断地提升自己，打造自己的核心竞争力，为自己的优势不断加码；缓称王就是脚踏实地、稳重低调，不要急于出头，可以试着"延迟满足"，就是放弃一时的即刻满足，去达成更远大的终极目的。

回头来说司马懿。他的终极目的无非推翻曹魏政权，让司马家取而代之，通过高平陵之变，他的胜利已经不远了。

在司马懿诛杀曹爽后，司马家族很大程度上控制了曹魏政权。至此，司马懿与他的儿子司马师、司马昭独专朝政，曹魏名存实亡。

后人回头看司马懿的一生，难免惊叹，他还是相当令人佩服的，我们佩服的并不仅限于他人生最后一段以及后代给他的地位，而是在那个战乱、时局动荡的三国时期，他明哲保身，取得了一定的成就。他靠的是"隐忍"与"沉得住气"。从打工仔到大佬中的大佬，司马懿用了将近五十年。司马懿的一生，从来不着急。

不要逞一时之勇，图一时之快，沉得住气，才能给自己争取时间——这正是司马懿以几十年时光为后人带来的启示。快未必佳、猛未必佳，沉得住气，往往能为自身提供更稳固、深远的视角，以稳定格局制胜，这就是“谋定而后动”。

“谋定而后动”不仅仅是在战场上见效，生活中的任何一件小事，都有这样的过程。从前期的信息搜集，到分析判断，在自己心里做好计划，便是等待时机。古人讲究“天时地利人和”，沉不住气怎么能等到大展宏图的最佳时机呢？

不妨用《寒山拾得忍耐歌》来促成“沉住气”习惯的养成，用慢速累积来拓展格局。

寒山问曰：“世间有人谤我、欺我、辱我、笑我、轻我、贱我、恶我、骗我，该如何处之乎？”

拾得答曰：“只需忍他、让他、由他、避他、耐他、敬他、不要理他，再待几年，你且看他。”

姜子牙80岁才遇见明主，刘邦46岁时还在做沛县亭长，黄忠72岁时一战斩杀夏侯渊。莫道岁月晚，真正厉害的人，从来不着急。与其为了现状而焦虑，不如用慢功夫走好每一步。我们要沉住气，拉长经营自己的时间与空间，只有让个体的人生宽度与广度得到提升，格局才会不同。

第5章 苏轼

人生万般不如意，
学会这套情绪管理法，
没有过不去的坎儿

苏轼

人生万般不如意，学会这套情绪管理法，没有过不去的坎儿

一个被人评价为“有大格局”的人，他身上往往具有怎样的特征？稳定性是不可或缺的一项，尤其情绪稳定更是难得。遇事急躁、情绪起伏的人，很难给人留下良好印象，论其自身，也不能在面对事端时做出正确的选择。

那么如何打好情绪牌，累积向上的力量呢？我们不妨设想在以下场景，如果是你，在下面的场景中，你会产生怎样的情绪，做出怎样的选择呢？

场景一：如果你在中秋佳节，与至亲、挚爱之人相隔千里，也不能打电话，不能发消息，不能视频聊天，那么你的心情会是什么样的？

场景二：如果你在职场上明明很出色，但是遭到小人排挤暗算，不仅不被领导重用，还升职无望，甚至被降职，那么你该怎么办？

场景三：公司安排你到离家很远的地方驻扎，工资待遇也不好，要是不去你的工作就没了，你会不会觉得很委屈？

你或许觉得这几个场景有些眼熟，因为宋代的大文豪苏轼都经历过。

那么，苏轼是怎么用行动来回答的？

中秋佳节，离家很远的他，化痛苦的思念为美好的祝愿，吟出“但愿人长久，千里共婵娟”的千古佳句，来祝愿天下人不再经历与亲人的分离。在职场上被小人暗算的他，没有怨天尤人，依旧保持着乐观豁达的态度。天涯何处无芳草，领导不欣赏我，有人欣赏我就行了。被贬到密州的他，工资少了，住的穿的

大不如以前，但是他能安贫乐道，吃不起瘦肉，五花肉也可以吃得津津有味，政治上不得意，生活也要过得多姿多彩，种种竹子、看看月亮、游山玩水、做些美食，人生岂不快哉？

林语堂先生曾经说过，苏轼是“无可救药的乐天派”。经历诸多磨难的苏轼为什么如此乐观豁达？无可救药的乐天派又是怎么炼成的呢？

他独特的习惯和能力在于极其善于情绪管理，能够自我调节。心理学家提出过一个叫作“复原力”的概念，是指每个人面对逆境、创伤等困难压力之后，自我恢复的能力。如果一个人无法从创伤、困境中复原，情绪陷入混乱、抑郁、消沉，久久不能自拔，那么他为人处世的格局也就荡然无存，一个无法调理好自身情绪的个体，当然没有余力去面对世间的人与事。

情绪复原这一塑造格局的关键习惯，苏轼就深谙此道。

情绪管理的底牌：充实的精神世界

苏轼在家里没饭吃的时候，就带着儿子站在屋外，一起对着早晨的太阳大口吸气，说是“食太阳之精气”；被贬黄州时，他生活穷困潦倒，就在住所东面的山坡，开垦荒地种植粮食，并自称为“东坡居士”；闲居徐州时，他陪好友下棋竟忘记锅中炖的肉，匆忙间跑到厨房，发现炖久的肉反而晶莹剔透，香滑爽口，于是发明了“东坡肉”。被贬到更偏远的惠州时，他依然能够苦中作乐，写下传世佳句：“日啖荔枝三百颗，不辞长做岭南人。”

苏轼能够有效调节情绪的关键习惯之一，在于他日积月累的兴趣拓展，他将精神世界的充实当作习惯来践行，久而久之，养出了足够强大的精神内核。

因此，拓展自我，日常积累，是不可或缺的生活习惯。

首先，苏轼精通儒、释、道三家，儒家教人入世，道家教人出世，而佛家则教人看破红尘、看透人生。苏轼曾经写过一首《和子由渑池怀旧》给他弟弟苏辙，来安抚家人对自己的担心和牵挂：

人生到处知何似，应似飞鸿踏雪泥。

泥上偶然留指爪，鸿飞那复计东西。

老僧已死成新塔，坏壁无由见旧题。

往日崎岖还记否，路长人困蹇驴嘶。

透过这首诗，我们可以看出苏轼的人生观。苏轼说，子由啊，我们的人生像什么呢？就像那飞来飞去的鸿鹄偶然地在雪地上留下了爪印一样，四处落脚，起起伏伏，也许是人生的常态吧。我们曾经认识的老和尚已经离世了，留下的只有一座藏骨灰的新塔，旧墙壁也倒了，我们也没有机会再到那儿，看看曾经题过字的破壁了。世事无常，生离死别，也是一种常态吧。你还记得当时我们是怎么走到渑池的吗？那可真是一段崎岖的旅程啊，路途遥远，身心疲惫，连毛驴也累得直叫。但我们，还是坚定地朝前走了。人生不也是这样吗？

在苏轼的精神世界中，时常透露出道教与禅宗的深刻影响，他的禅宗修养也相当了得，比如他六十六岁时，经历了几十年波折起伏，即将走到生命尽头，他从遥远的海南归来，路过庐山，写下一首颇有禅意的诗，其中就蕴含了他的精神世界内核：

庐山烟雨浙江潮，未至千般恨不消。

到得还来别无事，庐山烟雨浙江潮。

诗句的首尾形成一个闭环，初看这风景，是庐山烟雨，钱塘大潮，山山水水，自然光景，如果没机会目睹，恐怕一生都会觉得遗憾，可是当真置身于这烟雨山水之中，你会发现也不过是庐山烟雨浙江潮罢了。

苏轼在这首诗中化用了一个很有名的禅宗典故，是《五灯会元》中参禅分为三重境界，当然也是人生的三重楼：

一开始，见山是山，见水是水。庐山烟雨浙江潮，如同每个人心中梦寐以求的理想，之于苏轼，是朝堂抱负、政治理想，我们始终为这个目标努力，如果不能达到，肯定会抱憾终生。

人生经验更加丰富之后，我们开始揣测、怀疑，觉得看山不是山，看水不是水。当初的理想好像也失去了吸引力，又要寻找新的目标，开始精神内耗。

再经历一些，来到了第三重境界，看山还是山，看水还是水，抹去了人们本身的主观意识，这山山水水，不过是不为意志所转移的自然。正如无论你如何锤炼你的人生，道，就在那里。

当年写出“不识庐山真面目”的苏轼，历经一生波澜，好像已经看透了人生的真面目。正是道家的洒脱，禅宗的释然，儒家的入世，融会贯通，才让苏轼能够主动积极、有目的、有方向地调节情绪，看透人生起伏的本质，寻找人生的新出口。

对于我们现代人来说，读万卷书、行万里路的习惯，同样能让一个人的内心变得充盈，更能从内心深处出发，拓展一个人的视野与格局。

从生活中来，到生活中去

苏轼非常热爱生活。心中有爱，所以无所畏惧，这同样是让人保持动力，维持稳定的习惯之一，保有对生活的新鲜感与热爱，善于慧眼识珠，发现生活的妙处，才能维持一个人的活力。

回顾苏轼的一生，他走过的路很坎坷，正如当年他和弟弟的渑池之行一样，是乐观的心态，是对生活的热爱，让他活出了人生的色彩。困难怕什么？挫折怕什么？遇到困难和挫折，就迎难而上吧。就像苏轼在《定风波》中所写的：“莫听穿林打叶声，何妨吟啸且徐行。竹杖芒鞋轻胜马，谁怕？一蓑烟雨任平生。”大雨来临时，与其狼狈地沮丧哭泣，不如唱着歌，享受雨中的畅快淋漓。在不长不短的一生，快乐才是生活的真谛。如果你热爱生活，那么下雨天和晴天又有什么区别呢？逆境和顺境，又有什么差别呢？“回首向来萧瑟处，归去，也无风雨也无晴。”一个人只有不被环境所困时，才能体味到“人间有味是清欢”，活着就是快乐，吃好喝好心态好，就是快乐。

我们且看乌台诗案后，苏轼被贬黄州时，处在人生低谷的他在做些什么？

一首《猪肉颂》为证：

净洗铛，少著水，柴头罨烟焰不起。

待他自熟莫催他，火候足时他自美。

黄州好猪肉，价贱如泥土；贵者不肯吃，贫者不解煮。

早晨起来打两碗，饱得自家君莫管。

他在兢兢业业地烹制着美味的东坡肉！从洗锅，到放水，小火慢炖，优哉游哉地等着它入味，也不催，也不急。一边还感慨着黄州的猪肉真是好，又不贵，又没人跟我抢，早晨起来两碗肉下肚，美滋滋似神仙，谁也甭管我。

从《猪肉颂》可见，无论遇到什么坎坷，他绝不会跟自己较劲，黄州的日子再辛苦，他也能找到自己的乐子，把苦日子过成了一种“生活的艺术”。在黄州待久了，苏轼给友人写信，说我穿着草鞋，与渔民樵夫混在一起，被醉汉推搡辱骂，但我很高兴，因为这儿没人认识我了。

人生多波折，不如放弃内耗，给自己找点乐子，充实自己。

偶像的力量

另外，苏轼有个非常乐观豁达的偶像，他们在精神世界保持密切关系，在现实世界也做到这一点。

人们常说，偶像力量是非常强大的，他可以影响我们的世界观、人生观、价值观。苏轼乐观豁达的偶像就是唐代诗人白居易。

单看白居易的名和字，就很有讲究。古代人名和字，都不是瞎取的。“居易”取自《中庸》中的“上不怨天，下不尤人，故君子居易以俟命”。居易居易，我这个人，对生活很容易满足的，不怨天，不尤人。

而他的字“乐天”取自《周易》中的“旁行而不流，乐天知命，故不忧”，取“乐天知命”的意思。白居易在职场上，也经历了起起伏伏，在担任左赞善大夫期间，由于仗义执言，被贬为江州司马，这可以说是他人生的低谷。在低谷时，他写出了著名的《琵琶行》，一句“同是天涯沦落人，相逢何必曾相识”成为流传千年的金句。苏轼非常喜欢白居易，同样是被贬官，偶像能撑下去，我也能撑下去。

这成了苏轼的精神动力之一。

除了精神偶像，现实中的密切关系当然也不可或缺。人的一生中，一定要有值得去维系的关系。

我国古代有个典故叫作“夜雨对床”，指的就是兄弟亲友久别重逢，听雨对谈，眨眼就是一夜。苏轼和弟弟苏辙就有着这样的约定，他们两个一生相互扶持，很少产生摩擦，彼此珍重，成熟稳重的苏辙没少帮苏轼收拾烂摊子。

苏轼临终前，因为兄弟不能相见而倍感伤心，而收到哥哥死讯的苏辙，更是“号乎不闻，泣血于地”，其中的信任与深情，不言而喻。

这样的关系不仅是生活的动力，还能滋养出更健全的人格，健康的关系可遇不可求，更需要长期经营。当然，它也会反哺人的情绪，令一个人的精神更加稳定且茁壮。

广泛的兴趣爱好

最后还不得不提，苏轼的兴趣爱好比较广泛。这一习惯，也让苏轼不至于在职场失意后无事可做。

苏轼喜欢游山玩水，是个旅游家；他还喜欢研究美食，是个美食家；他还会作诗、画画、弹琴，是个艺术家。他闲来无事，还会与僧人谈谈佛法，是半个佛门弟子。广泛的爱好，让苏轼的精神世界非常丰富，他的生活一点儿都不单调。人在遇到挫折不开心时，可以借助兴趣爱好来转移负面情绪，让自己开心起来。

兴趣养出的是一个人的闲适与安定。苏轼能把注意力从痛苦的事情上移开，无论是研究东坡肉，到岭南美滋滋吃荔枝，还是到偏远的海南吃生蚝，都证明苏轼永远保持着充沛的生活热情，他以此来抵御情绪的低潮。

情绪的低谷不可避免，不必忌讳，更不必逃避，只要采取恰当的方式应对、调节，我们反而能从中萃取出新的精髓，就如苏轼留下的瑰宝一般。

通透的人生观、热爱生活的心态、找一个好的榜样进行学习、扩展自己的兴趣爱好，是苏轼保持乐观豁达的四个好习惯，这四个好习惯让他维持精神稳定，创作不断上升到新高度，也为后人留下启示，促成了一个人的稳定格局。

当苏轼问别人，你们猜我肚子里有什么？别人都说是什么文章啊，才学啊，只有他很喜欢的侍妾朝云说：您肚子里，这是一肚子的“不合时宜”。苏轼听了，哈哈大笑。

苏轼不合时宜，却能放下执着，凭着生活中的各种乐趣自我打趣、自我充实，调节情绪，快速复原。希望你我也能如此，少跟自己较劲，多点松弛快乐，如此，谁都可以成为一个“无可救药”的强大乐天派，成为情绪稳定且拥有大格局的人。

第6章
王阳明

真正强大的人，
都战胜了这个修行“魔障”，
格局自然提升

王阳明

真正强大的人，都战胜了这个修行“魔障”，格局自然提升

一个人的格局，在“静”也在“动”，在“破”也在“立”，在“外在”更在“内心”，只有动静集合、先破后立、内外兼修，方能不动如山——要做到这些，还需从“心”出发。

据说苏东坡年轻时，曾经和佛印一起参禅。苏东坡说：“以大师慧眼看来，我是什么？”

佛印说：“贫僧眼中，施主乃我佛如来金身。”

苏东坡一听，很高兴。他看佛印胖胖的，堆在那儿，想开句玩笑，随口一说：“但是在我看来，大师就像牛屎一堆”。

佛印听了，只是微微一笑，并没有生气。

苏东坡回到家，跟苏小妹说起今天的事情，苏小妹说：“哎呀，哥你这次输了。佛由心生，心中有什么，所见便是什么。佛印心中有佛，所见万物皆是佛，而你心中是牛屎，所见的就是牛屎了。”

年轻的苏东坡由此意识到，自己的修养还不够。当一个人看谁不顺眼时，往往是因为自身的修行还不够，格局还不够开阔。人生的修行之路上，我们往往需要多学习古人的智慧，从中汲取关键启示，破除“魔障”，从“心”出发。在这一点上，我们可借鉴王阳明的智慧。

逆境中成长的王阳明

（一）龙场悟道

王阳明的一生是传奇的。作为一名文人，他曾为朝廷立了三大军功：南赣剿匪、平定宁王、广西定乱。说到这里，大家可能会觉得他的一生很顺，其实并不是。他的人生是坎坷的。他曾经直言上书，却遭宦官刘瑾陷害，被打入大牢，杖责四十，差点儿命丧当场。随后，他被贬至龙场。龙场在哪儿呢？在贵州。王阳明担任贵州龙场驿站的站长。当时的龙场，是一个荒芜的小村落，在贵州西北万山丛棘中，蛇虺魍魉、蛊毒瘴疠，生存环境相当恶劣。而且当地居民基本都是少数民族，语言不通，王阳明在那里，根本融不进去。

在龙场，活下来尚且不容易。

那时与王阳明同去的随从们，很多相继病倒，但是受过杖责，身体还没有完全恢复的王阳明，却没有病倒。虽然王阳明也受瘴气的侵扰，也不知道会不会有更严厉的惩罚到来，会不会被赐死，但是他的心态一直都很好。

他是怎么做到的呢？

当时王阳明住在山洞里，阴冷潮湿，让仆人给他准备了一副石棺，他经常躺在石棺里，一待就是一天。他在石棺里干吗呢？他只做一件事，就是思考。

王阳明想：“假如圣人遇到这样恶劣的环境，会怎么做呢？”

因为在此之前，王阳明最大的愿望就是成为一名圣人。他6岁读书时，老师问他，为什么读书？他回答，学做圣人。他想啊想啊，慢慢想通了，圣人，无论多么伟大，也是肉体凡胎，在龙场这样的环境里，在这个山洞里，在石棺里，圣人也只能顺应环境，改变不了环境。在这样的环境下我还清醒地活着，难道圣人会做得比我还好吗？接着，又想了想，为什么我会遭奸人陷害？为什么会沦落到这步田地？以后该怎么办？然后，他又想到朱子所说的“格物致知”，为啥我格不通呢？到底是哪一环出了问题呢？最后，他顿悟了，看穿了生死之念，悟透了进退之道，最重要的，是明白了“心外无物”。何必追求成仁成圣？每个人只要把自己修炼好，都可以成仁成圣。

想通了以后，王阳明在龙场，不仅活了下来，还活得很好，找到了“圣人之道”。

为此，他写了《教条示龙场诸生》，并在1508年的时候，在贵阳文明书院进行讲学，提出“知行合一”的学说，开创了自己的心学体系。从此，阳明学成为一门显学，成为那个时代除了程朱理学以外，最重要的哲学流派。

（二）心学智慧

我们学习王阳明心学，到底要学习什么？又有什么启示能运用到生活中去？

首先，要理解他说的“心外无物”是什么。

简单地说，也就是你的所见、所闻、所感、所想，你脑海里的全部，构成了你的全部世界。外界对你来说，其实并不重要。大家不要单纯用唯心主义来解释王阳明的学说，王阳明先生强调的是一个人要时刻注意自己的内在修养。客观世界存在，对你的内心影响不大。举个最简单的例子，一个不识字的人，从草地上忽然瞬间转移，来到了高楼大厦里，那他不识字这一点，变了吗？没变。

根据《传习录》记载，王阳明有一次在南镇游玩，一位朋友指着山中开满花的树，问他：“你说心外无一物，那这花树在山中自己开放自己凋零，和我的心有什么关系呢？”王阳明说：“花开在山中，你没看到它时，它和你并没有什么关联，当你看到它的缤纷美丽，心情愉悦时，这花，便开到了你的心里去。”一个人在生活中所看到的事物，往往就是你自己的内心所想。现代心理学研究表明，我们会更厌恶那些跟自己有类似缺点的人。也就是说，当你看别人不顺眼的时候，这恰恰说明，你也存在着一定的不足。一个在生活中，总是去嘲笑别人、贬低别人，看事情总是往坏处想，这说明，这个人的内心还不够强大，修养还不够。就像本章开头提到的故事，佛印夸苏东坡像真佛，苏东坡取笑佛印是牛粪，其中的高下，聪明人能够一眼看明。

因此，当我们在生活中，听到有人辱骂你、恶意批评你，不要生气，也千万不要跟他计较，这只是说明，对方的修养还不够。

保持内心的强大，不被外物侵扰，是让人不动如山，轻松应对的好习惯。

人的一生，只要管好自己，就无须在乎外界对自己的看法了。是非成败转头空，我们最大的对手，其实也只能是自己。自我修养，是一个人一辈子的必修课，只有专注自身，明天的你才会胜过今天的你，明年的你才不会输给今年的你。

做好自己，无关乎其他

专注自我这一习惯，能让人主动屏蔽外界非议，减少精神内耗，有余力拓展更大的空间。

（一）买碗的年轻人

一个年轻人去商店买碗，只见他从怀里掏出一只旧碗依次与店里的新碗碰撞。两个碗发出了浑浊而沉闷的声响，年轻人摇了摇头，继续试下一只碗，结果最后所有的碗都挑遍了还是没有他中意的。

店老板拿出了新到的一批精品瓷碗，然而年轻人依旧是很失望。老板很是疑惑，问年轻人买碗为什么还要带一只旧碗过来。年轻人解释道，这是家中长者教给他的一个买碗小妙招，只需要将一只碗同另一只碗碰撞，如果能够发出清脆悦耳的声音，那就说明是好碗。但是他试了所有的碗，都不能发出这种声音，故而没有购买。老板笑了笑，递给年轻人一只新碗，让他拿着和别的碗碰撞试试。

结果，年轻人轻轻一碰，就听到了悦耳的声响。年轻人很是惊讶，询问老板是怎么回事。老板解释道：“小伙子，我刚才无意间发现你拿来的那只碗本身有瑕疵，你用它来试其他的碗必定不会发出清脆的声音的。”果然，那只碗有个小小的裂痕，年轻人恍然大悟，很快就买到了心仪的碗。

很多时候，我们就像是那个买碗的年轻人，在处事过程中，总是心怀瑕疵对待他人，这样很难收获他人的真诚。人与人相处时，我们首先要摆正自己的态度，不猜忌、不怀疑，保持那颗纯粹的心，这样同他人心灵碰撞的时候才会发出悦耳的声音，产生良好的互动。相反，若是心怀猜忌、虚伪，那么同他人相处的时候自然就会招致不满与忌恨，所以做好自己是首要的。诚如王阳明，为人处世始终注重自己的内在修养，心内无杂念，这样无论是读书还是处事都能够上升到一个新的高度。

（二）最好的选择

林语堂说，有勇气做真正的自己，不要想做别人。生活总不会尽如人意，有可能充满荆棘与磨难，而真正勇敢的人，始终坚持做好自己，知世故而不世故，一路高歌猛进，只想与美好绚烂的人生撞个满怀。

这，就是最好的选择。

所谓最好的选择，就是任凭外界如何变化，始终坚持如一。

所谓最好的选择，就是能够不改矢志初心，始终做好自己。

方能不动如山。

知名主持人杨澜在节目采访中同样表达了这一观点。记者提问杨澜，自从成名之后，从未见到她出演影视作品。记者表示不解，很多知名人士都是“影视歌三栖”，其中就不乏名气大的主持人，而杨澜却从未涉足该领域。凭着杨澜的形象与名气，想要在娱乐圈出道，肯定会大受欢迎，然而她没有这样做。

对此，杨澜也做出过解释，1992年，杨澜任央视《正大综艺》的主持人，也正值颜值巅峰。有人邀请她在电影中出演一个角色，但是被杨澜拒绝了。杨澜说：“我对演别人并没有兴趣，我只对我自己有兴趣。主持人和演员是有很大不同的，主持人就是需要做好自己。”杨澜表示，当下很多人并没有自己的判断力，在做决策的时候难免过于功利而显得盲目，这容易让他们迷失前进的道路，更迷失了原本的自己。

即便没有涉足娱乐圈，杨澜的影响力依旧是有目共睹的，她的成功也是不可复制的。她做出了最好的选择，那就是坚持做自己，不盲从，成为未来自己的主宰者。

可见，最好的选择，就是坚持自我内心的抉择。

人生最大的对手是自己

（一）任何成长都值得喝彩

哲学家尼采曾说过，你所能够遇到最大的对手莫过于你自己。在人成长的过程中，我们无须和他人比较，因为你在任何一个阶段的每一点进步都是值得喝彩的。

一个知名演讲家说过这样一个故事：数年前，他曾参加过一场大型演讲比赛。当看到比赛规则的时候，这个人顿觉不妙，组委会竟然将大学生与社会人士并为一组进行演讲对抗。那个时候，他正是一名在读的大学生，觉得这样的规则对他来说不公平，但是也无可奈何。虽然在高校中，他小有名气，演讲水平首屈一指，但是让他同社会上的演讲大佬一起竞争，他心中难免底气不足，这让他的心理压力骤增。

比赛临近，他甚至想过要放弃，他说从小的时候就会这样。一旦遇到压力和困难的时候，总会想到做逃兵，因为他害怕失败。

但是这次，他并没有放弃，决定放手一搏。他想，即便输掉了比赛也没关系。整个演讲过程中，他分外紧张，面对着正前方的摄像机还有台下听演讲的评委、听众们，他竟然忽视了对比赛输赢的执念。当时他心中所想，不过是尽快找到平时的状态，完成这场比赛。

走下演讲台的时候，他听到了雷鸣般的掌声，这个时候他终于明白：原来任何成长都值得喝彩，即便没有超越他人，至少超越了自己。

凭着这个人生道理，他在后期的演讲中不断突破自我，演讲效果一次比一次好，终于从初出茅庐的小兵成长为演讲领域的大佬。

人与人之间有着天然的个体差异性，并不是所有的人都聪敏非常，他们大都是平平无奇的。譬如《射雕英雄传》中的男主角郭靖，他的资质可谓是相当愚钝的，学习能力远低于常人，但是他从来不在乎别人的看法，更不会和别人进行对比，只是一如既往勤学练功，终成一代大侠。

其实，这就是他的高明之处，只要今天比昨天进步一点，明天比今天再进步一点，那么未来我们的前途不可限量。所谓大智若愚，莫过如此。所以，不要小看任何改变与进步，每次改变，都是一场小型的“先破后立”。成长的过程其实就是一个从量变到质变的飞跃，而整个过程中，你所遇到的唯一的对手，只有你自己。

（二）自我提升的唯一法门

科比曾说，我最大的对手就是我自己。很多人太容易将失败归咎于对手。越是这样想，就越容易陷入失败主义的死循环，很难再有翻身的机会。

在电影《霍元甲》中，霍母对霍元甲说：“一个人活在世上，最大的敌人可能就是你自己，真正要战胜的人也就是你自己。”在很多武侠片中，总有执迷不悟者挑战各路高手，引发无数的争端与杀戮，到头来才发现，其实，最大的对手就是自己。

人生数十载，总会面临挑战和挫折，陷入低谷也是再正常不过了。此时，如何应对便是考验格局的一大“魔障”。

即便是卧龙先生诸葛孔明，在北伐的时候，其计谋也被年轻的姜维所识破，最后兵败城陷。这个时候，诸葛亮并没有沮丧，反而十分惊喜，说自从出茅庐以来从未遇到如此对手，他的这句话也点明了自己失败的原因：太高估自己，从而百密一疏。在收服姜维之后，诸葛亮在筹谋布局上更加缜密，毫无破绽可言，即便是在同老狐狸司马懿的对决中，也依旧技高一筹，令司马大军闻之色变。

诸葛亮的人生进阶在于能够自省。圣人道：“吾日三省吾身。”古代圣贤能够自我反省，普通人更该这样做。

人生犹如一场牌局，整个过程中始终处于弱势的情况并不多见，总会有机会摸上几张好牌，充分利用好这几张好牌至关重要。无论输赢，都不能够避免别人出牌，因此输赢的关键在于你出牌的手法是否高明。

从这个角度来说，取胜与否，其实与他人并无关联。所以，在生活、工作之中，千万不要将竞争者视为真的敌人，若是意气用事，就容易与他人产生争端，这种明争暗斗其实毫无意义，反而会让次要矛盾变为主要矛盾，最终难免会白白浪费宝贵的时间。

宏观来看，专注自我，减少因竞争而虚耗的气力，也是一种从容的格局。

聪明的人不会为了外界的竞争者而虚耗精力，而是能够认识到自身的不足，从而想方设法弥补短板，赶超对手。

因而，求职面试失败时，我们要反思：我是不是哪里不够优秀？婚姻生活不顺时，我们也要反思：我是不是过于敏感偏激？事业发展受挫时，我们更要反思：我的规划和策略是不是还不够完善？人一旦有了这种意识，就能够很好地提升自己，充分利用人生中的每一分每一秒。

（三）珍惜人生中的每一次输赢

亚洲首位终极格斗冠军张伟丽，仅仅用一年的时间就摘得了胜利者的王冠。可是，谁又能够知道，在过去的四年中，张伟丽经历了太多的大起大落。

作为乔安娜时代的终结者，这个年轻的中国女孩用一记漂亮的转身鞭拳碾压对手，迎来了属于自己的时代。张伟丽说，在格斗赛场这个八角笼里，她不再考虑自己的对手是谁，更不会为了头发的长短而担忧，外界媒体的报道对她来说也构不成任何影响。

因为，在她的眼中，真正的对手只有她自己。她珍惜每一次赛场中的输赢，这次输了，表示还有努力进步的空间，这次赢了，说明之前的方法与格斗策略是正确的。张伟丽解锁了一种良好的心态：无惧输赢，只求更进一步。

曾经的她，过度渴望胜利，在意外界的报道，有着一颗敏感的心，还会因为赛场中强大的对手而紧张。在积累了足够的经验之后，张伟丽顿悟，她的目标也更加明确：全方位展示自己的能力，是对比赛最大的尊重。

赛场之外的张伟丽，同样有着一颗智慧的心。她说，无论是比赛还是生活，“我们都要珍惜当下，尽最大的程度去做好”。有记者曾问她，有没有想过拿金腰带？张伟丽笑一笑，说，只要自己努力，拿金腰带是迟早的事情。

张伟丽的坦然，让采访的记者们也觉得这个女孩的气场太强大。同张伟丽一样，中国举重运动员汪周雨也深谙赛场的智慧。在东京奥运会上，汪周雨首次试举115公斤就失利了，这是谁也没有想到的事情。女队主教练张国政开了个玩笑，让她回去写个检讨，这一下子就舒缓了汪周雨的紧张情绪。随后的四次挺举，汪周雨都出色完成，将举重女子87公斤级的金牌收入囊中。但是，她对自己的战绩并不满意。她说：“虽然战胜了对手，但是输给了自己，这个成绩比预定目标差10公斤。”

人生之路犹如赛场，有胜有败，但是它们都是丰富人生画卷上的浓墨重彩。诚心对待输赢，不意气用事，及时调整好心态，何愁大事不成。

专注自我，坚守内心，方能坐拥不动如山的稳固格局。如此一来，向内看，是无数次不破不立的进阶蜕变，向外看，是和光同尘、不动如山的稳定从容，格局因此而来。

第7章

曾国藩

格局之上如何加持行动力？
无非坚持二字，
坚持方能改变人生

曾国藩

格局之上如何加持行动力？无非坚持二字，坚持方能改变人生

拥有不动如山的稳固格局后，又该如何提升行动力，使格局的上限拔高？这就需要另一种习惯的加持：自律。

这是曾国藩带给后人的启示：自制能力强的人，自我约束能力极高，他们往往比一般人更容易取得成功。打遍半个中国的书生曾国藩正是一个极其自律的人。

当代作家、管理专家冯唐说，在读曾国藩时，读到的是满纸的成事。也就是说，参考曾国藩，可以让人明白，怎么去做成一件事，怎么去成就一番事业，怎么在稳固的基础上，将人生规划落到实处。

曾国藩成功路上不可或缺的习惯，就是自律。

曾国藩的自律成长史

曾国藩从一个小书生，逐步成长为晚清重臣，堪称自律缔造成功的典范。曾国藩的自律经验，对普通人非常有借鉴意义，因为他本人并不算聪明，更没有显赫家世，只是单单靠自己的精神力量和良好的习惯，逐渐增长见识，打开格局，完成阶级跃升。

曾国藩是怎么自律的？普通人该怎么运用他的自律法则去实现个人的自我进

阶呢？

（一）勤能补拙

曾国藩并不聪明，好在，个人素质的缺陷抵不过他超常的努力。通过翻阅曾国藩的族谱可以获悉，曾国藩祖上的根基并不深，一直到曾国藩的祖父，家族中没有一个人考中秀才。他父亲曾麟书，也是考了17次才考中。曾国藩呢，比他父亲好一些，但也考了7次才考上秀才。比起那些一鸣惊人，一考就考中状元的人来说，曾国藩绝对算不上学霸，他属于不太聪明，但是踏实学习的那种。

（二）“十二条军规”

曾国藩从31岁开始，常常觉得耳鸣，之后还经常肚子痛，肝脏也不太好，也常常牙疼。据考证，他的家族有脑血管方面的遗传病。智力上不占优势，身体上也不占优势。那他是怎么让自己成功成才的呢？

为了督促自己，他给自己制定了“十二条自我管理军规”，每一项都是我们可以借鉴的生活小习惯。

第一条，早起。曾国藩要求自己早起，他常常天不亮就起床。在长沙练兵的时候，曾国藩也是每天黎明就起来，然后巡视营地，开始制定一天的训练计划。其实，从现代科学睡眠角度来说，早起并不适合所有人。因为有的人属于百灵鸟型，有的人属于夜猫子型，有的人属于下午型，还有的人属于打盹型，每个人的生物钟都不一样。但是在古代，人们往往日出而作，日落而息，大部分人都属于百灵鸟型，也就是早起型。

古人常说：“一日之计在于晨。”曾国藩每日早起，也是为了充分利用时间。对于习惯早起的人来说，早晨的时间往往是最宝贵的，因为那时候很少会有琐事打扰，头脑最为清醒，适合做出计划和决策。

第二条，静坐。曾国藩每天无论再忙，也给自己留下一个小时，坐下来，让自己的心归于沉寂，在静坐中思考问题，反思自己的决策是对还是错。这让他无论是官场受挫时，还是在常年行军打仗时，都能保持冷静和镇定。

第三条，读书不二。曾国藩给自己规定，在读书时，不读完这一本书，绝对不看下一本书，这一条其实遵循了朱子读书法循序渐进的原则。曾国藩读书时，没有别人学得那么快，但是他肯下笨功夫。读书，就专心读；做事，更专心做。

第四条，谨言。即时时警惕不乱说话，说出的每句话都谨慎。曾国藩一直是一个比较谨慎稳妥的人，他在说话时，会再三斟酌后说出来，尽量做到得体而适用，这让他在官场上，不至于树敌太多。

祸从口出不仅是在官场，在生活中也很常见。无端说错话，无端泄露他人信息，都是隐患。因此，谨言慎行，对每个人都大有益处。

第五条，保身。节劳，节欲，节饮食，时时当作养病。曾国藩的身体一直不太好，为了身体健康，他提醒自己要时刻注意保身。身体是革命的本钱，在历史上，很多人学富五车，才华横溢，结果英年早逝，事业未成。

对于现代人来说，这点更要注意。现代打工人经常在办公室久坐，或者天天低头玩手机，颈椎病、腰肌劳损等老年病，也提前跑到年轻人身上。身体健康真的不是儿戏，尽早关注自己的健康，该锻炼的锻炼，该养生的养生，对健康进行投资，绝对没坏处。

第六条，日知所亡。“亡”就是“无”，对于曾国藩来说，他的方法是每日都写日记。日记可以总结一天的行为，也可以记录日常想法。坚持写日记，能让我们对自己有更加清醒的认识。

第七条，月无忘所能：每月写诗、写文章，有固定任务。曾国藩的诗文写得很朴实，文采不足。曾国藩也知道自己的不足，因此每个月都写一些诗文进行练笔，来弥补自己的不足。

第八条，每日练字。书法可以让人的心静下来，曾国藩每日练字，一方面这是科举做官所必需的，一个文官，如果字写得难看，岂不是让人笑话？另一方面，是为了修身养性。

第九条，敬。整齐严肃，无时不慎。曾国藩说，无事时心在腔子里，应事时专一不杂。也就是说，要让自己在无事时安心，在做事情时专心。

第十条，读史。每天读10页史书。曾国藩在进京参加考试时，曾经看中了一套《二十四史》，却没钱买，向同伴借了钱，又典当了自己的衣服，才买下来，十分珍爱。回到家里，他的父亲说：你借的钱我来给你还，但是这套书，你要认真看。为此，曾国藩每天都读一读史书，既是为了兑现自己的承诺，也是为了读史明鉴，增加自己的见识。

第十一条，养气：气藏丹田不生气。孟子说过："吾善养吾浩然之气也。"曾国藩认为，只有做到言行一致、内心坦然，光明正大，不要心存奸邪狡诈的想法，才能养住自己的真气。这一条，让曾国藩在宦海浮沉中，守住了自己的正直与操守。

最后一条，夜不出门。曾国藩认为，夜晚出门会让自己精力疲惫，无法在第二天保持好的工作状态。夜不出门这点，对于现代人来说，是很难做到的，但是，少熬夜，我们还是可以做到的。让夜晚发挥应有的效力，给人养精蓄锐和休息的空间。

曾国藩给自己制定的这12条准则，他一直坚持，几十年来从不松懈。这世界上，哪有那么多天赋异禀的人，有的人成功了，不过是因为日复一日的坚持。当一个人自律起来时，他的格局便是向内要求，严于律己，想不成功都难。

接下来，我们来条分缕析一下有哪些好的自律习惯可以运用到生活当中。

自律的好习惯

（一）早起

我们经常听到这样一句话："早起的鸟儿有虫吃"，不能早起已然成为当下很多年轻人的通病。一到周末休息的时候，很多人都会赖在床上，有的甚至一天都不出门。就是这样无所事事，才最终蹉跎了岁月，一事无成。

时光是何等宝贵，如果能够早起，充分利用好人生中的一分一秒，那么你的人生就开始走上坡路了。

曾国藩"十二条自我管理军规"的第一条就是早起，这样他才能够勤于补拙，科举中选。按照曾国藩的资质，如果不勤勉，那么势必与科举无缘了。所以他懂得通过早起来为自己争取更多的学习时间。

现代文学家梁实秋以散文见长，据说他的散文集曾经创造了中国现代散文著作出版的最高纪录，然而很多人不知道的是，梁实秋就是那只“早起的鸟儿”。这在他的散文集《我把活着欢喜过了》之中有所提及。书中提及，他个人从小就喜欢早起，在成年之后，更不愿意抛弃早起的好习惯。在一觉醒来能够听到鸟儿在枝头叫，一整天也都是快活的，走在路上，能够看到草上晶莹剔透的露珠儿，如果晚起的话，是没有这个福分的。早起令梁实秋开启美好又充盈的一天，使他有更多的时间去观察生活、感悟人生，从而为自己的文学创作积累丰富的素材。

早起还有一个好处，那就长寿。日本的田中加子在2019年以时年116岁零66天的高龄打破了吉尼斯纪录，成为世界上最长寿的老人。谈到长寿秘诀，田中加子只说了两个字：早起。这个好习惯她坚持了一百多年，她每天早上都会在六点钟准时起床，这也为她良好的身体素质打下了基础。

如果你能够意识到早起的好处并坚持下去，那么你此后的人生也会愈发明朗。成为一个自律的人。

（二）健身

身体是革命的本钱，很多成功人士深谙此理。因此，他们在百忙之中也会抽出一定的时间来健身。曾国藩的“十二条自我管理军规”中就提到了保身的重要性。

可见，健身这一习惯不仅为现代人钟爱，也是古人的修身常备技能。

比如宋朝的大文豪苏轼，常人只知他文笔潇洒，有书法、美食等诸多爱好，却不知他也是一个“长跑爱好者”。

他在文章中提到：“是故善养身者，使之能逸而能劳，步趋动作，使其四体狃于寒暑之变，然后可以刚健强力，涉险而不伤。”意思是，善于养护自己身体的人，会让自己既能享受安逸的生活，也能经常进行散步、跑步等运动，保持吃苦耐劳的素质，这样一来，身体才能刚健有力，才能在危险中游刃有余、毫发无伤。

苏轼自身也常常通过调整呼吸吐纳与步行配合，进行散步、跑步等有氧运动，再辅以挺腰、提肛、抬臀和平地支撑、爬行等无氧运动来维持身体的健康强健。

也难怪苏轼在《定风波》一词中写道："竹杖芒鞋轻胜马，谁怕？一蓑烟雨任平生"，这不仅仅需要旷达豪情的心志，更需强健稳定的身体做支撑！

相较于前人，如今的我们生活压力大，自我掌控的时间有限，在健身方面只有极少部分人才能做到自律，很多人浅尝辄止、半途而废，身体素质的短板更让人难以承受极大的压力和工作强度。

（三）专注

专注是一种良好的自律行为，一个人如果能够做到始终专注，那么他距离成功也就不远了。

鲁迅在少年时代家道中落，不得不典当东西维持生计。有次，鲁迅的父亲生病，鲁迅往返于当铺和药铺之间，上课迟到了。这令私塾先生十分生气，训斥了鲁迅，次日鲁迅早早来到学堂并在课桌上刻下了一个"早"字来敦促自己。他此后从未迟到过，在课堂中的表现也是最抢眼的，在后期艰苦的日子里，他愈发勤勉，在三味书屋读书的时候，他超强的专注力令私塾里的寿镜吾老师印象深刻。后来，鲁迅不负众望，在18岁那年考入免费的江南水师学堂，又公费留学日本，成了家族的骄傲。在弃医从文之后，鲁迅专注于文学创作，从黎明写到深夜，最终成功转型，成为当代文学的巨匠，对新文化运动的发展作出了巨大的贡献。

专注力需从小培养，当下很多儿童教育机构里就有专注力课程。专注的人能够心无旁骛做好所有的事情，一旦专注，任何艰难险阻也将不再是磨难，反而会成为你不断前进的动力。

（四）谨言慎行

曾国藩在官场中从来不会诽谤同僚，对于自己所说的话也都是有凭有据，从来不信口开河，这与他从小就养成了谨言慎行的好习惯有着莫大的关联。

谨言慎行可以修身养性，明代大学士徐溥在少年时代就性格沉稳，一点都不像个贪玩的孩子。在私塾求学的时候，徐溥不苟言笑，老师经常发现他会从口袋中掏出一个小本子看，起初本以为是小孩子的玩物，走近之后才发现，那竟然是徐溥自己手抄的儒家经典语录，从此他对徐溥十分欣赏。少年时代的徐溥不仅勤学刻苦，而且会汲取古人的智慧学以致用，他会效仿古代先贤检点自身的言行，不断反省自己。他会在书桌上放两个瓶子，一个放黑豆，一个放黄豆，当心中产生善念的时候或是做了一件善事，他就会投黄豆，如果说错了话，或者做了一件不好的事情，就放黑豆。开始的时候，黑豆比黄豆多，但是渐渐地，黄豆越来越多，黑豆越来越少，徐溥本人的品格也就越来越出众了。直到为官之后，他还保持着这个好习惯，不断修身养性，完善自我品格，终成一代名臣。

以上向内的自我要求，汇聚成一个人内在的高度，它能为一个人打通上升渠道，更能在一定程度上让人充实自我，开阔眼界。

自律让你走向成功

（一）自律让你做时间的主人

自律的人，往往时间更加充盈，因为他不会被各种因素所羁绊，他所关注的只有一点，那就是克服困难，坚持下去。世间有太多纷纷扰扰的诱因，会让很多人的自律中断，其实无关乎外界，终究是自己的毅力不够坚定。真正自律的人，什么也不能阻挡他前进的步伐。

在综艺节目《我们的歌》中，74岁的林子祥的表现绝对抢眼。他一开口就征服了观众，谁也不曾想到，一个年逾古稀的老人唱起歌来竟然中气十足。这样浑厚的嗓音，没有这么多年坚持不懈的练习恐怕是做不到的。

很多人认为，自律能够让你跑赢时间，成为时间的主人。林子祥自曝，自己是个十分自律的人，每天都早睡早起，这在娱乐圈是相当罕见的。作为艺人，无论是商演还是录制节目，很多时候都是不由自己的，但是林子祥能够不受外界因素的影响，始终每天晚上十点前入睡，而且他从不吸烟，多年来有跑步的好习惯。不得不说，林子祥真的是一个超级自律的人。他让自己成为时间的主人。

今天你有多自律，明天你就有多自由。对自己一定要严格一点，一旦制定了目标，无论如何都要坚持下去，当自律成为一种习惯的时候，那么恭喜，你已经解锁了一种成功的人生方式。

正如陀思妥耶夫斯基说的："如果你想征服全世界，那么你得先征服你自己。"曾国藩如此，鲁迅亦是如此，林子祥同样如此，他们都通过自律成为时间的主宰者，从而让他们能够按照既定的目标去执行。前方只有一站，那就是成功。

（二）自律让自己更加优秀

美国作家海明威说过："一个人，真正意义上的高贵是比过去的自己优秀。"而想要更加优秀，谈何容易，唯有一条路可以行得通，那就是从自律开始。在《主持人大赛》中，孙皓说过这样一段话：所谓的匠心，就是在重复的岁月中对得起自己的每一寸光阴。那些自律到极致的人，正是将匠心运用到了生活的各个角落里。

有这样一个真实的案例：一个年轻的宝妈，原本是广告公司的策划总监，每天过着两点一线、朝九晚五的生活。当意识到自己的人生太过乏味的时候，她毅然辞职。2015年，她坚持健身，体重降低到健美范畴，同年她还考上了北京大学的研究生。2016年，她读完了100本书、跑了1000公里，还拿到了3个与工作相关的资质证书。2017年上半年，她依旧坚持每月跑步不低于100公里，每月读书不少于5本。

有人开始质疑她是怎么做到的，毕竟她是个宝妈，哪里有那么多的时间和精力呢？当看到她的计划表的时候，大家都忍不住点赞：这个人太自律了！

她每天五点半准时起床，晨读一个小时；六点半做早饭，七点给孩子穿衣吃饭，八点出门。每周跑步不低于3次，还会轻断食一天来排毒，也会和好朋友聚会一次。每月月底的时候，会进行总结并制作下个月的计划，她会把将要读的书提前网购好，所有环节都在有条不紊地进行。

她的自律也获得了很好的回报：她摆脱了赘肉的烦恼，身材匀称，由于长时间跑步，她的小腿肌肉有了轮廓。她变得博古通今，和朋友们交谈的时候更加有涵养，这是读书所带来的变化。

她说，正是自律让她比过去的自己更加优秀。现在的人，律他容易，律己很难，稍微遇到挫折就会停滞不前，甚至会打退堂鼓，不过，这个法则也是公正的，那些半途而废的人多半都没有太大的改变。只有自律的那小部分人，才最终成为佼佼者，正应了那句“付出就会有回报”。

从曾国藩到其他的成功人士，无一例外，他们都做到了自律。无论是看似普通的早睡早起，还是为自己制定学习计划，都促使他们养成了良好的习惯。成功其实就是一个从量变到质变的过程，而自律则是确保人始终坚持所求的一种内驱力。这些小习惯的积累，能够聚沙成塔，促成格局的转变。

因此，如果你想改变自己，想要变得更优秀，想要成为有大格局的人，不妨从自律做起，坚持下去，这样就有机会收获不一样的明天。

应对自如篇

第8章
老子

身处困境，是以卵击石，
还是以柔克刚？
选对了，人生也就顺了

老子

身处困境，是以卵击石，还是以柔克刚？选对了，人生也就顺了

为人处世中，如何运筹帷幄、应对自如，还当从小习惯酝酿，从小方法切入，诸多细流汇聚成海，也就成了一个人的格局，因此，选择决定一个人的格局。

试问，如果在走路时，面前横了一块非常大的石头，看起来很重，挡住了去路，你是选择搬走石头呢？还是选择绕开石头呢？搬走石头可能需要很大的力气，而绕开石头呢，就要多走一些路。这时候，我们就要去衡量，去思考，哪一种方式是行得通的，哪一种方式是最适合我们的。当然，大多数人可能会选择绕开这块石头。

走路，路不通，我们可以绕着走。但是，在人生这条路上，可能有些石头我们是绕不开的。

石头相当于人生路上的障碍，有的大，有的小。我们在面对不同的石头时，做出正确的抉择很重要。我们经常说，执着是一种好的品质，但我想执着，不代表着我们在困难面前，一定要硬碰硬，我们也可以选择“曲线救国”，以柔克刚——这正是一种可供选择的人生路径。

它为我们提供的启示是，无论人生还是一个人的格局，都没有标准答案，选择是因势而变的，是能够以柔克刚的存在。

老子的人生哲理

（一）崇尚柔的老子

“以柔克刚”的思想，是老子最先提出来的。传说，老子也是有老师的，据说他的老师叫常枞。常枞在年老病重时问老子：你看看我的舌头还在吗？老子回答：在。常枞又问：那你看我的牙齿还在吗？老年人嘛，牙齿掉光了在那个时候很正常，老子很实在地回答：不在了。常枞又问：那你知道为什么我的舌头还在，牙齿却掉光了呢？老子答道：舌头还在，那难道不是因为它柔软吗？牙齿没了，是因为它太坚硬了。常枞听了老子的回答，高兴地说：太好了，就是这样。天底下所有的事情和道理，我都和你说清楚了，你可以出师了。

这个故事到底是真是假，后人已经没有办法考证了，但是故事中透露出老子的思想，确实可以考证。老子主张的正是“贵柔守弱，以柔克刚”，千百年来，这一思想一直都在影响着人们的生活和思维方式。

老子这个人特别推崇水，他没事儿就去看水，他认为“上善若水”。人所能达到的最高的精神境界，就是像水那样了。

老子在《道德经》里说：“天下柔弱，莫过于水，而攻坚胜者，莫之能胜，其无以易之。”大意是说，世界上最柔弱的东西，大概就是水了，但就是这柔弱的水，却可以日积月累，摧毁最坚硬的物质，没有什么东西可以胜过水，因为没有什么能够改变水的本质。由水再联想到人生，老子提出了“贵柔守弱，以柔克刚”的主张。他说，“坚强者，死之徒；柔弱者，生之徒”，“天下之至柔，驰骋天下之至坚”。坚固的事物可能会被摧毁，而柔弱的事物反而生存的概率更大。天底下最柔弱的事物，可以克制、掌控最坚固的事物。水柔弱，却可以摧毁最坚固的石头。其实，在自然界中，除了水之外还有很多这样的例子，比如说，一场大风能把树吹断，但是它吹不断小草。大树看起来很茁壮，很结实，这是它的优点，也是它的缺点。小草很柔弱，很小，但是生命力很顽强，而且小草会弯腰，大树不会。

所以，有时候柔弱也是一种力量，就看你怎么去用它。

民谚有云："硬石头还要软绳子来勒"，这句话告诉我们，不要轻视一些微不足道的事物，也许，你的失败，恰恰是因为你忽略了一些看似柔弱的事物。骄兵必败，说的就是这个道理。相反，如果运用好柔弱的事物，我们也可以反败为胜。

就拿战争来说，在我国古代战争中，以弱胜强的战役有不少，最著名的分别是官渡之战、淝水之战、赤壁之战和巨鹿之战。结合历史，我们可以明白，以弱胜强的背后，是智慧的运用和布局。

（二）老子智慧的实战

老子的"以柔克刚"，在现代仍有广泛应用。

海尔集团的CEO张瑞敏就非常推崇老子"以柔克刚"的主张。他曾在出访日本的一家企业时，引用《道德经》中的话来阐释海尔的企业文化。他认为，"以柔克刚"强调的是弱转强、小转大的过程。他说，作为企业家，你永远是弱势；如果你真能认识到自己是弱势，你就会朝目标执着前进，也就会成功。企业是这样，其实，对于个人成长，也是这样。在我们的生活中，很多东西都含有柔弱的特性，都是从小到大，从弱到强，一步步发展起来的。柔弱不等于软弱。我们承认柔弱，不是鼓励大家以弱者的心态自居，到处去宣扬我弱我骄傲。而是要看清楚自己的处境，用一种柔软的心态，让自己变得强大，强大中带着坚韧。

当我们遇到障碍时，要懂得适当地绕道而行，此路不通时，还有别的路可走，毕竟人生有无数种可能，不要一头撞死在南墙上，穷途末路时，试试别的路，换一种思维方式，也许可以帮你找到人生的突破口。在跟朋友相处时，不能意气用事，尽量保持微笑，少说多听，剑拔弩张只会拒人于千里之外，而温和的言语才能给你带来更多好的人缘。

以刚克刚，只能两败俱伤，以柔克刚，更容易马到成功。选择权一直在我们自己手里。老子以柔克刚的智慧，可以帮助我们过得更顺。

人生有无数种可能

以柔克刚，看似不走寻常路，其实正是人生有无数种可能的体现，人生在世，想要开拓自己的一片天，不妨从扭转思维惯性做起，多多探索“可能”。

（一）抛开你的刻板印象

在传统认知下，很多人都觉得在小学阶段女孩子学习要比男孩子好，中学后女孩子往往后劲不足。因此，很多家长觉得若是在中学看不到成绩，后期再努力也是徒劳。

这就是最常见的一种刻板印象。在心理学中，刻板印象指的是对某一类人或者某件事产生固有的看法。正是由于刻板印象的存在，人们不知不觉就会给他人贴上各种标签，甚至会自我设限，影响了人生的发展进程。

其实，人生是有多种可能的。比如玛丽・居里，她从小到大一直都名列前茅，而且她在科学领域的成就丝毫不差。纵观玛丽・居里的一生，你会发现，这个女科学家太令人惊叹，她既聪明又努力，而且还非常美貌。在那个动荡的年代里，很少有女性会从事科学研究，她们更多的是围绕着男人和孩子打转，但是玛丽・居里并没有这样做，她的人生没有受到世俗眼光的限制，在她两度获得诺贝尔奖的时候，人们才意识到：这是一个独立而伟大的女性。她的成功首先在于摆脱了女性的标签，她不为外界影响，遵从自己的内心，潜心科研事业，终于获得成功。

《天龙八部》中的段誉和虚竹在后期开启了“外挂模式”，一个是大理国世子，一个是少林寺沙弥，二人却机缘巧合都习得了逍遥派的北冥神功，在武功上大有进境。段誉钟情于诗词歌赋，原本就不爱打打杀杀，在坠入琅嬛福地后人生从此开挂，他百毒不侵，学得了凌波微步，后来在天龙寺无意间习得了六脉神剑，又吸收了包括鸠摩智在内的一众高手的内力，武力值比肩乔峰。虚竹的人生更是充满了奇幻色彩，因为一片慈悲之心，误打误撞破了珍珑棋局，获得了无崖子的毕生精力，后遇天山童姥与刘秋水，将三老的内功集于一身，成为天龙时代内功修为第一人，最后当上了逍遥派的掌门和灵鹫宫的宫主，成功迎娶西夏公主，从一个平平无奇的小和尚摇身变成了西夏驸马。

海明威说过："只要你不计较得失，人生还有什么不能想法子克服的?"刻板印象对人的潜能开发是一种束缚，撕掉固有的标签，让不可能也变得有可能，这才是精彩人生的正确开启方式。

（二）顿悟后的浴火重生

人生不如意十之八九，但是也总有十之一二的如意之时。当人生路上有不如意的时候，不妨停下来想一想，静静心，说不定在某一瞬间就能够有所顿悟。

能够从顿悟中获得启示，便能够改变、拓展当下格局，从而转变人生。

著名化学家格林尼亚的人生堪称传奇，少年时代他家境优渥，父母对他极为溺爱，这让格林尼亚成了一个没有任何理想的纨绔子弟，整日里与酒肉朋友厮混。然而好日子很快到头了，没几年他家遭受巨变，一贫如洗，那些"朋友"也开始远离他。甚至连女友也当着众人的面羞辱他，这一刻他顿悟了，从此开始潜心读书，立志要追回浪费掉的青春岁月。仅仅九年的时间，格林尼亚就研制出了格氏试剂，问鼎诺贝尔化学奖。

曼德拉由于反对白人种族隔离政策而锒铛入狱，在一个小岛上一关就是27年。尽管那时候曼德拉年事已高，但是年轻的白人狱卒依旧虐待他。谁也没想到的是，1991年，曼德拉竟然当选了南非总统。在就职典礼上，曼德拉向所有人介绍了看守过他的三名狱卒。这让白人狱卒十分羞愧，而曼德拉却说，自己年轻的时候脾气暴躁，也正是在监狱中才明白控制情绪的重要性。他感谢监狱岁月给他的精神洗礼，也让他学会了如何面对苦难，所以才有了今天的成就。

释迦牟尼在菩提树下顿悟从而得道；朱熹对着一片修竹格物致知，从而衍生出了朱子学说。可见，当人生不如意的时候，静下来是最好的选择，它能够让你的大脑放空，思想沉淀，也能够在冥思中获得启迪，打通人生路上的关隘，这正是人生的“柔”。

（三）你的人生属于你自己

德国思想家歌德曾言：“谁若游戏人生，他就一事无成；谁不主宰自己，永远是一个奴隶。”请记住：你的人生，只属于你自己。

人生短短数十载，庸才永远在游戏人生，终将碌碌无为。真正的智者懂得把握青春的宝贵，能够在大好年华里充实自己、提升自己。

2023年5月29日，神舟十六号飞行乘组名单对外正式公布，来自北京航空航天大学的桂海潮成功入选。这位年仅36岁的北航教师成了中国空间站的首位载荷专家，中国首位戴眼镜执行飞行任务的航天员。

桂海潮出生于云南保山的一个小乡镇，从小他就心怀大志。他深切明白，想要出人头地，读书是唯一的路子。从小学到博士毕业，桂海潮一直很拔尖，在高二的时候参加高三年级的统考，桂海潮就能够考进全校前几十名。高考的时候以当地理科状元的身份进入北航深造。在这里，他的梦想之路逐渐清晰。凭着过硬的专业素养和身体素质，桂海潮从数千人中脱颖而出，成功入围神舟十六号的飞行组名单。

桂海潮坦言：“我的父母都是农民，但是他们非常支持我的学业，也希望我能够成为对社会有用的人。”桂海潮不仅成了父母的骄傲，更是对当代“85后”群体产生了激励作用。

都说寒门难再出贵子，桂海潮用行动告诉大家：寒门依旧能够出贵子。只要坚持梦想，始终努力，就能够缔造更辉煌的人生。

当我们在感叹别人拥有美好的人生的时候，更应当留出时间来反思自己：人与人之间本没有太多的差距，很多时候，那些差距都是可以用努力来弥补的。诚如桂海潮，他没有任何背景，是普普通通的农家子弟，但是他因为懂得在劣势下积极面对，所以才有了翻盘的可能。路是不是平坦，走一走就知道了，坚持心中的信念，付出更多的汗水，你就会发现：原来人生的路，真的有很多意外与惊喜。

人生中的每一阶段，都有不同形态的变化，我们应如老子笔下的“水”一般，适应世间的万千变化，用“以柔克刚”的心态与选择，去实现兵来将挡、水来土掩，这样才能无往不利。

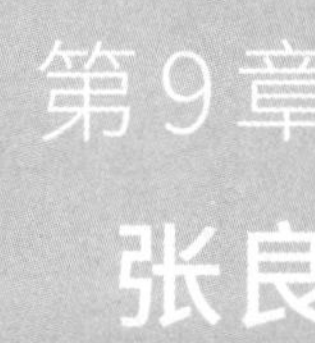

第9章 张良

功高盖主也能独善其身，
其中的聪明之处，胜在格局开阔

张良

功高盖主也能独善其身，其中的聪明之处，胜在格局开阔

好的习惯与思维能够让一个人的人生有所增益，格局渐渐打开，事业愈发顺畅。但是，这也没有办法帮我们规避一些人生中风险，因为生活中总会有诱惑和陷阱，要想从容度过一生还需要一定的人生智慧。

有这么一位传奇人物，他从谋臣到帝王师，用一部兵书灭一个王朝，开一代盛世。这个人就是张良。据说，他是中国最后一个敢以“王者师”身份自居的文人。他的人生可谓跌宕起伏，而他自身却走得十分从容。对普通人来说，张良的人生路有什么启示呢?

不妨让我们先来看看他是怎么在那个纷乱的年代安稳度过一生的。其中自然隐藏着独到的格局。

年少轻狂，一鸣天下知

刘邦曾经用“运筹帷幄，决胜于千里之外”来称赞张良。的确，在历史上，张良的形象是温润如玉、稳重智慧的。但很多人不知道，张良在年轻的时候，也很冲动、很冒失。

张良身世显赫，祖父张开地连任战国时韩国三朝宰相，后父亲接过了祖父的职位，在宰相位子上又坐了整整两年。可到了张良这一代时，韩国却已经走上了

下坡路，不久便被秦国一举攻破。自此，张良便失去了他的显赫位置，沦为了这个与他有国仇家恨的政权的子民。因为这种亡国亡家的仇恨，张良便时刻惦记着复仇。他一直在寻找着机会，即便没有复国的可能，但他也希望能杀了秦始皇。不久，机会便来到了张良身边。公元前218年，张良得知秦始皇即将东巡的时候，32岁的他便兴奋激动了起来，开始谋划刺秦行动。

张良先到东方拜见了当地名士仓海君，求他传授刺秦良方。后来，张良在这趟旅程中结识了一个大力士。这位大力士能扛百斤以上的东西，力量非凡，彪悍无比。于是，张良便为这位大力士量身定做了一把重达一百二十斤的大铁锤。这大铁锤常人拿不来，到了这位大力士手中，竟被如玩具一般轻轻举起，在手里被舞得真如天神下凡，令人赞叹不已。

在准备了行刺的工具后，张良便着手制定行刺的位置。当张良得知秦始皇的队列会经过阳武县（今河南原阳东部）的时候，他便亲自到那里寻找行刺的好地点。后来张良来到了古博浪沙，这是秦始皇东巡到阳武县的必经之路。且古博浪沙北临黄河，南临官渡河，沙丘连绵起伏，一望无际。沙丘上荆棘丛生，在其低洼处，又有沼泽地、水洼连成一片。这种地理位置决定了该地荒无人烟，行走困难。如果行刺失败，向北可逃过黄河，向南可逃过官渡河，这都可让张良轻而易举地躲过秦军的搜捕。于是张良选择了这块地方。

一列列车队从张良面前走过，此时车队的两边前呼后拥着一群大小官员。这时候，张良便知道是秦始皇的队列来了。于是，张良便在这之中寻找着秦始皇的马车。按照君臣车辇规定，天子六驾，即秦始皇所乘车辇由六匹马拉车，而其他大臣只用四匹马来拉。因此，张良的刺杀目标是六驾马车。可是，在迎面而来的队伍里却根本没有六匹马拉的马车，张良这时可难下判定了。最后，他只好凭自己的感觉从里面挑出了一辆最豪华的马车。大力士在远处将大铁锤扔向马车，马车被砸得粉身碎骨。

张良见马车已经粉身碎骨，心想里面的人已经不可能活着走出来了，心里不由得升起了一股报复的快感。可是，令张良万万想不到的是，就在不久后，他竟然会再一次听到秦始皇的声音。原来，秦始皇根本没死。当然，那天坐在那辆马车里的人是死了，可是那不是秦始皇！秦始皇因多次遇刺，早有准备，所有车辇全部四驾，且时常换乘座驾。张良很不幸地选错了马车，错过了一次千载难逢的机会。

秦始皇幸免于难，立即下令在全国大肆搜捕凶手。张良就光荣地登上了“全国通缉名单”榜首，开始了他亡命天涯的日子。经此事之后，古博浪沙作为秦始皇和张良这两位千古名人上演对手戏的舞台，一举成名。

在外界看来，这场刺杀是彻彻底底的失败。但是，晚年的张良回想起这件事，却很骄傲，他觉得自己的这个行为可以令“天下震动”。年轻时的张良是冲动的，但也是果敢的。身上背负着为国复仇的重担，他选择勇敢地向前走。

此时张良背负国仇家恨，勇毅和谋略过人，可是论起格局，也只能说是年轻人中的翘楚水平。

投靠知己，才华得以施展

公元前208年，项梁、项羽叔侄率领的队伍已发展壮大到六七万人，并立楚怀王之孙熊心为王，召集各路义军的首领在薛城共商大事。一心复国的张良不忘复兴韩国，连忙对项梁提议立韩国公子韩王成为韩王。张、项早有交情，而且张良说得很有道理。于是，项梁便答应了，命人找到韩王成，立其为韩王。张良“复韩”的目标暂时达到了，此后就一直追随韩王成。后来，张良遇到刘邦，和刘邦一见如故。张良经常和刘邦聊《太公兵法》，别人都听不懂，而出身市井的刘邦却能领悟，而且对于张良的建议，刘邦经常采纳。后来，由于项羽担心张良辅佐刘邦，竟然在秦国灭亡后，杀了韩王成。从此，张良便将项羽视为仇人。明代李贽曾经评论此事说，项羽此举“为汉驱一好军师”。的确，项羽杀韩王成客观上帮了刘邦的大忙，也把张良从侧面推向了刘邦。

张良也对刘邦有自己的看法。他觉得，刘邦肯定不是庸碌之辈，于是他决定跟随刘邦。张良及时“转舵”明主，这说明此时，他在纷繁复杂的形势中已经有了清醒的头脑和独到的眼光。从那以后，张良深受刘邦的器重和信赖，朝夕相随，成为划策之臣。张良的聪明才智也有机会得以充分发挥。

选择隐退，幸免兔死狗烹之结局

刘邦击败项羽后，成为汉代的开国皇帝。当分封诸侯时，刘邦让张良自己挑选齐国三万户为食邑，张良却辞让了，只要了留地作为封地，而留地是张良和刘邦初相遇的地方。

张良在国灭家败后沦为布衣，看到汉朝政权日益巩固，国家大事有人筹划，自己“为韩报仇强秦”的政治目的和“封万户、位列侯”的个人目标已经达到，一生夙愿基本满足。他又深悟鸟尽弓藏的道理，惧怕既得利益的复失，便乃自请告退，退隐黄袍山，摒弃人间万事，崇信黄老之学，专心修道养精，静居行气安稳度过余生，福泽子孙后代。

当韩信感叹“成也萧何，败也萧何”的时候，他怎么都想不到，在这个兔死狗烹的乱世，竟然还有一个功高盖主的人，能够潇洒谢幕。他就是张良。

此时张良的格局可谓高深至极。我们通过他的成长可见一斑。

张良在前半生是非常热血的一个人，敢爱敢恨，拿得起：他拿起的不仅是一种勇气，更是一种责任。他功成身退的后半生，又懂得舍弃和放下，因此收获了一份安稳。对于大多数人来说，人生其实就是一个拿起再放下的过程，受了张良的启发，我们该如何从容地度过这一生呢？

有血性，勇敢承担责任

血气方刚，总是用来形容年轻人的。他们对现实了解不多，可能不知道往前冲背后的严重的后果，从而敢于去做任何想做的事情，不管能否承担得起。相对应地，有的人岁数越大，越来越不敢冲，对于想要得到的，想要实现的目标，总是却步不前，害怕会有不能承担的后果。或者总是假装老气横秋，看透一切，推说已经看到结局，所以不会白费功夫。这两种情况说到底都是懦弱的表现。

为何不能保持少年模样？为了目标，就是要不计代价，就是要勇敢地拿得起。

除了张良为了国仇家恨，为了复国梦想勇于犯险，历史上为了实现家国梦想，为了承担家国责任的人大有人在。在追逐自己的目标的同时，还有一份沉甸甸的使命，这就更加铸就了他们的伟大。

1949年，中华人民共和国成立之时，当时还在美国的钱学森便打算早日归国，为自己的国家效力。当时的美国掀起了一股驱使雇员效忠美国政府的狂热潮流，但是这并没有改变钱学森的意志。面对坚定回国的钱学森，美国政府吊销了他参加机密研究的证书。

1950年，钱学森在港口准备时回国，被美国官员拦住，随后被关进了监狱。钱学森受到美国政府迫害，失去了宝贵的自由。直到加州理工学院交纳了1.5万美金，才将他保释出来。但是钱学森回国的步伐依然受到阻挡。

钱学森受到迫害的消息很快传到中国，最终经过中国与美方政府的多番交涉，1955年，钱学森终于回到了自己魂牵梦绕的祖国，回到了故乡。

钱学森在美国学有所成，当祖国需要他时，他义无反顾地回到祖国，为自己的祖国效力。他放弃高额薪水，抓起的却是中国的导弹事业，扶起了中华民族不屈的灵魂。这一份责任比天还高，但是钱学森并没有退却，毅然决然地扛起了民族的担当和使命。

所以，对自己的理想拿得起，才有可能抵达成功的彼岸，否则只能踌躇不前，在犹豫之中不上不下，望洋兴叹。拿得起自己的理想，勇敢迈出追求的第一步，坚持到底才能让自己的人生不留遗憾。

放下包袱，方能轻松向前

刺秦虽然失败，没能一举完成复仇，但张良的这一经历何其悲壮，让张良彪炳在刺秦光荣的史册中，让天下人为之震撼，连张良自己都觉得虽败犹荣。客观上讲，这是实实在在的失败，但张良并没有因此而沮丧，更没有耿耿于怀。他仍然以轻松的开放的心态，继续完成自己的理想。

在现实生活中，失败才是常态，没有人能一直成功。中国围棋第一人柯洁，曾经拿过八次世界冠军，但是参加的比赛何止八个。其他的世界级的比赛大部分是输掉的，大部分是失败的。但是他还能保持平静的情绪，这样才能保持一贯的信心面对后边的比赛。也就是这种积极放下的心态，让柯洁一直处于自信当中，进而取得更加辉煌的成绩，从容面对所有得失。

与张良合作过的两位领导——刘邦和项羽，面对失败就是两个截然不同的是态度。

以数万人之力灭掉秦军三十万大军的楚霸王项羽，在四面楚歌之中失败了。当时曾有人劝他渡过乌江，东山再起。而项羽却因为当初跟他一起横扫天下的江东子弟无一生还，觉得无颜再面对江东父老，在乌江拔剑自刎，给后世留下了“至今思项羽，不肯过江东”的千古遗憾。

项羽的对手刘邦和项羽交手历经多次失败，但他并没有一蹶不振。有一次，刘邦的父母妻子孩子都被项羽抓了起来，项羽还威胁刘邦说，如果你不投降，我就把你爹煮了吃了。对此，刘邦并没有害怕，而是笑着说，我们是兄弟，如果你要吃我爹，你就分我一碗。虽然刘邦屡战屡败，但正是他这种面对失败达观的精神，永不放弃的勇气让他反败为胜，打败了所向披靡的项羽，成了汉朝的开国皇帝。

失败是人生常态，正所谓“不如意事十之八九，可与人言无二三”。我们要认识到人力之不足，不要一味沉浸在失败的情绪中，认为“自己很失败”，这样就很难放下了。

懂得取舍，做出果断选择

虽然刘邦实力不够强大，但张良还是决定跟随他，而不去选择实力相对强大的，自己也很容易能加入的项羽阵营。这就是独立做出的判断，认为跟随刘邦更能让自己展现才华，实现自己的抱负。因为知己难遇，张良的理想要和更加可靠的人一起实现，而不是趋炎附势，单单凭借外部的实力去选择阵营。

在《蒙娜丽莎》的脸上画了两撇小胡子的法国艺术家，叫杜尚。他的做法让全世界目瞪口呆，但是他的艺术思想长久统治了我们的艺术史。能够取得这样大的成就，就是因为他独特的生活态度。

杜尚说：“一个人的生活没有必要负担太重，或者做太多的事情，不一定非要有老婆、孩子、别墅、汽车。我认识到这一点的时候还相当年轻，这是我的幸运，这使得我在很长的一段时间里过着单身汉的生活。这样一来，我比那些按部就班、娶妻生子的人生活得轻松许多。从根本上说，这是我的生活原则，所以我觉得自己很幸福，几乎没生过气，而且可以从事自己一直喜欢的绘画。”

就是这样的原则，让杜尚选择了更轻松的生活，从而专攻艺术，在绘画和艺术设计方面取得了不错的成绩。

所以要想跟随内心，做出最适合自己的选择，就要改变必须遵从某项原则，必须追求某种生活的说法。其实别具一格没有什么大不了，只要自己过得舒心，那就是自己做出的最佳选择。

在做出选择时，舍弃了自己不需要的东西，更重要的是明白自己最想要什么。这就要遵从内心，根据自己的价值观做出判断，什么价值在心中的位置更高。诗人裴多菲在生命、爱情、自由中选择了自由，因为他明白，没有自由，生命和爱情也就失去了价值和意义。张良亦然，选择了刘邦，并非无奈的选择，也不是赌气舍弃了项羽，而是在心中有坚定的价值观驱使，选择更懂自己的，最能施展才华的所在。

顺势而为，当退则退

面对三万户食邑做奖赏，张良坚辞不受。这是因为张良看清了形势，目睹了彭越、韩信等有功之臣的悲惨结局，又联想到范蠡、文种帮助勾践复国后或逃或死，深知“狡兔死，走狗烹；飞鸟尽，良弓藏；敌国破，谋臣亡”的哲理，所以放下看似唾手可得的功名和奖赏，当退则退，最后明哲保身，安稳度过余生。

明朝正德年间，朱宸濠起兵反抗朝廷。王阳明率兵征讨，一举擒获朱宸濠，立了大功。当时江彬受到正德皇帝宠信，十分嫉妒王阳明的功绩，认为他夺走了自己大显身手的机会。于是江彬散布流言说：“最初王阳明和朱宸濠是同党。后来听说朝廷派兵征讨，王阳明才抓住朱宸濠，掩盖自己罪行。”在这种情况下，王阳明和张永商议道：“如果退让一步，把功劳让出去，可以避免不必要的麻烦。假如坚持下去，不做妥协，那江彬就会狗急跳墙，做出伤天害理的勾当。”为此，他将朱宸濠交给张永，让他重新报告皇帝：朱宸濠捉住了，是总督军门的功劳。这样，江彬等人没有话说了。王阳明也称病到净慈寺休养。张永回到朝廷，大力称颂王阳明的忠诚和让功避祸的高尚事迹。皇帝明白了事情的始末，免除了对王阳明处罚。王阳明以退让之术，避免了飞来横祸。

顺势而为，当退则退，最后的受益者还会是自己。正和老子的“无为而无不为”有同样的功效。只有不做，才能无所不做，只有无为，才能无所不为。进退之间的选择，并非绝对。所谓格局高深，只是能纵览全局，设想前后，忖度人心，权衡一切因素，最终做出选择——这正是张良带给后人的启示。

生活是极其复杂的。面对动荡不安、风云变幻的形势，我们总会无能为力，这时候当退则退，让自己避免侵害，更好地保护自己，从而像张良一样，去体验另一种别样的生活。

历史证明，那些能掌控自己人生的人，并非天赋异禀，只是在面对每次选择时懂得取舍，学会平衡。所以对我们来说，遇事当进则进，当退则退，拿得起，放得下，舍得之间，方显从容，更具格局。

第10章 魏徵

冒死进谏是为何？
拿好这块保命“金牌”，
职场格局不在话下

魏徵

冒死进谏是为何？拿好这块保命“金牌”，职场格局不在话下

俗话说，人往高处走，水往低处流。选择更好的生存环境，可以说是人类的本能。

当“跳槽”已经成为职场常态时，“跳槽”也能见格局。怎么跳，何时跳，跳得成功与否，都见功夫。在职场上生存，想得到老板的重视重用，很多人往往会拼了命加班工作等。但是好像这样一圈坚持下来之后，你还是那个老板眼中不冷不热的人。那到底怎样才能获得我们想要的，甚至在换了老板以后，我们还能继续得到重用呢？

这就要向古代的“跳槽达人”魏徵学习了。职场的格局，尽在魏徵。

直言进谏有玄机

在儒家思想的影响下，中国古代几乎历朝历代的臣子，都希望得到“忠臣”的美誉，忠诚度是臣子的重要考核标准。如果有谁不忠于自己的君王，必然是要被很多人痛骂的。三国时期，吕布就因为多次“跳槽”，被当时的人骂作“三姓家奴”。吕布是主动“跳槽”，而且跳一家得罪一家。

在历史上，吕布杀了董卓，东奔出关，先后跟过袁绍、张杨、袁术、刘备。他趁曹操讨伐徐州时去偷了曹操的老家兖州，投奔刘备后，又抢了刘备的徐州，

最后被曹操围于下邳，终于再得不到重用，被曹操诛杀。吕布的跳槽生涯，可以说很失败。

魏徵和吕布刚好相反。魏徵跟过元宝藏、李密、李渊、窦建德、李建成、李世民，最后在李世民那里做了良臣。魏徵每次都不是主动背叛老板。前几次可看作“企业兼并”，老板带着自己一起投奔新主。跟了李建成以后，他也没稳定下来，因为李建成在玄武门之变中被杀。起初，魏徵一直支持李建成，多次出谋划策，提醒李建成要打压李世民。

李建成死后，魏徵处在一个很尴尬的境地。李世民派人来找他了。

李世民问他：你就是多次离间我哥和我感情的那个人吗？

魏徵应该怎样回答呢？回答是，可能有被杀头的风险；回答不是，那明显是睁眼说瞎话。

他坚定地说：如果李建成按照我说的做，怎么会有今天的下场？

李世民需要的正是这个答案！

因为李世民发动玄武门之变，杀害兄弟，在道义上总是说不过去。这次魏徵主动说出，是我，就是我，怂恿你哥李建成打压你的，你哥听我的，你早就完蛋了！言下之意是，我们先动的手，我们挑起的事端，你李世民是正当防卫。听罢，李世民才说，那我就给你个赎罪的机会。

于是，魏徵作为东宫的旧人，再次被重用。天下人一看：李世民真是心胸宽广，连曾经的仇敌也能重用，可见他不是传说中的那般残忍血腥啊！

这局面可谓皆大欢喜，双方格局摆在这里，各自给彼此台阶下。魏徵改换门庭可称得上是一场完美打配合的“跳槽”。

魏徵以“直谏”的形象标签开启了与李世民“相爱相杀”的进谏之路。

关于给领导提意见这事，有人说，我们要学魏徵，冒死进谏，仗义执言。但是魏徵真正值得我们学习的不是频繁“跳槽”，也不是直言进谏，是什么呢？

是定位。

魏徵很清楚自己的定位。李世民要的是明君形象，而自己需要扮演的则是一个良臣的形象。为什么不是忠臣呢？鉴于自己易主那么多次，魏徵说自己是忠臣，自己都觉得难为情。

良臣需要干什么呢？需要在领导迷惑时、偏离航道时、想放飞自我时，拉他一把。良臣作为一把悬在领导头上的温柔的“剑”，起到一定的警醒作用。

定位好以后，魏徵开始给李世民“洗脑”，李世民问他：你说，什么是明君，什么是昏君啊？魏徵说：能听进别人的建议。能广开言路的就是明君，而偏听偏信的就是昏君。

后来，魏徵又郑重地提到良臣和忠臣的区别：良臣是能让君主赢得明君的称呼，自己也获益，和领导达到双赢局面的臣子；而忠臣呢，有时只顾自己的名声，却用对君主好的名义，让君主背负着昏君的恶名。明白自己的定位，并让领导清楚自己的定位，在合作中谋求双赢，这个职场小技巧，确实值得我们学习。

既然双方达成了合作意向，魏徵就开始尽心尽力地给李世民提意见。但是，意见提多了，李世民也会不耐烦，有时候也会恨得牙痒痒。魏徵提意见的时候，其实很得罪人。

李世民有次高高兴兴地在宫里逗弄一只漂亮的鸟，这时候魏徵来了，李世民怕魏徵说自己玩物丧志，赶紧把鸟藏在了衣服里。魏徵其实看见了，却装作没看见，故意和李世民扯些有的没的，心里估摸着鸟已经被闷死了才离开。李世民一看鸟死了，气得火冒三丈，又无可奈何。但是李世民为何只能这样生闷气呢？这是他跟魏徵间恰当且明确的定位决定的，所以魏徵提意见，李世民不仅不能责罚，甚至要奖赏他。

在现代社会的职场上，员工对企业忠诚，当然是每个老板都愿意看到的。但是一个老板，与其要求员工忠心，不如要求员工做出一定的成绩。这就需要老板清楚员工的定位，某个员工适合干什么，不适合干什么。作为下属，更要清楚自己的定位，知道自己该干什么。只有这样，才能在职场上收放自如，“跳槽”后找到合适的位置，甚至升职加薪。

自我定位在于心理建设

每一个人都要对自己应有一个定位，不幸的是，很多人都没有意识到这一点。这也难怪，因为这个自我定位常常深深隐藏在我们的潜意识里。

我们常常有这样的体验：为了实现目标，明明付出了极大的努力，却收效甚微。其内在原因就在于我们潜意识中的自我定位与目标不一致，这种背离极大地削弱和降低了我们努力和付出所带来的成果。

一定要转变思维，才能稳住格局。

如果你将自己定位于“穷人”，大抵会不自觉地削弱自己的赚钱动力，错失赢利良机。如果你认为自己是一个“不可爱的人”，那么当有人夸赞说“你很可爱”的时候，你大概会认为他在撒谎或在讥讽你，而将那人拒之千里之外，进而闹出尴尬和矛盾。

以下几个事例或许正反映了这一点。

小王很想加入一家高级网球俱乐部。然而，他的潜意识中的一些消极想法使他一开始的时候没能如愿，他对自己说：你不富裕，你的网球水平一般，也没有空闲时间，没有人会愿意和你打网球。事实上，这些负面想法并不真实，至少不符合现在的实际情况。他逐渐认识到，自己是受到了潜藏的陈旧自我定位的影响。

一名来自穷人家的男孩，参加一个富人云集的俱乐部显然是不合时宜的。好在他根据自己的特点，以及自己的职业，及时更换了自我定位：一名出色的咨询师。有了这种定位，他如愿以偿地加入了网球俱乐部，并度过了一段快乐的美好时光。

苏珊是一位26岁的金发美女，在生活中，所有与她接触的男人都躲她远远的。而事实上，她极其渴望与他们建立一种和谐关系。糟糕的现状使她认定自己是一个不讨人喜欢的女人。她生活在一个单亲家庭，自幼性格好强、孤僻，极度敏感。是她想当然的孤傲清高的自我定位赶走了身边的人。于是她找到心理咨询师，重新做好心理建设。不再坚信自己就是那个孤僻的小女孩，而是一个美丽、聪颖、自信的妙龄女郎。重新定位后的苏珊，渐渐打开自己心扉，不久就与她周边的很多人建立了良好的人际关系。

大雷是一位30岁的律师，事业发展不太顺利。原来在他的内心深处，他一直把自己看作服务生，因为在学生生涯中，有过长期到饭店兼职做服务生的经历。后来，大雷冷静看待自身现状，用“职业律师”替换了“服务生”的定位后，他越来越自信，业绩很快得到了显著提高。

一个错误的、过时的自我定位，是潜藏在内心、影响走向成功的致命的负面因素之一。及时更新你的心理定位，使之与你的目标相一致，是迫切且必要的。因为心理定位直接关系到你付出的效率，决定所在位置的稳固与否，以及追求目标的成败。

魏徵重新受到赏识，在他严肃的耿直的性情之下，定然有一丝惶恐的心情。因为自己时常易主，前任雇主又是李世民的死敌，再根据李世民对于“明君”的需求，让他顺势对自己的有了明确的定位：不能做忠臣，而是要做李世民的良臣。魏徵跟李世民协商的明确定位，所以他可以对李世民“直谏”，还能不受谴责，甚至得到采纳和奖赏，让自己的才华得以充分的施展，进而得到了千古“谏臣”的美名。

在“跳槽”或者找工作的时候，我们也应该对自己有一个明确的定位，首先，自己审视自己，主要就是根据自己的能力与目标，找到最适合自己的，能够胜任的位置，让自己的才华得到最大程度地施展。这正是魏徵在职场中有关自身定位的启示。

合作共赢，做领导的工作伙伴

高绩效的助手，应该与领导保持着工作伙伴的关系。做领导的工作伙伴，与同等级的工作伙伴一样，都具有共同利益，朝着共同的一个目标努力，大家的利益是息息相关的。魏徵明白和李世民各自有各自的需求，但是双方的需求需要依赖合作的关系才能达成，而不是各自没有定位，只知道在自己的位置上各司其职。这样的上下属关系是紧张的，工作也是混乱的，也是不利于工作成果的产出。

这就要求员工了解公司的需求，了解领导的需求，正确认识自己跟领导的关系，才能让自己的职业道路走得更加顺畅。

怎样才能跟领导建立良好的有效率的合作关系呢？建立向上贡献和向上协同的正确认知和工作习惯，是取得绩效突破的关键点，甚至是职业生涯转折的关键点。

现代管理学之父德鲁克说，所有管理者都应该要有一项基本功，就是跟上司建立起良好的协作关系。一个人能够得到晋升，往往是因为上司有了更好的发展。上司得到晋升了，下属才会有更多晋升的机会，所以跟上司有建设性的合作，无疑是职业生涯发展的一个关键因素，也是一个人应有的职场格局。

怎样跟领导建立建设性的合作呢？依旧要从几处习惯做起：

（一）成熟地面对权威

许多人一旦面对权威，就会有一种不由自主的反抗状态，还美其名曰反对专制。如果一个人不能够成熟地面对权威，仅把上司看作对立面，看作敌人，看作压迫自己的怪物，那意味着他从一开始就把跟上司互动的这条路给封死了。

当然，还有另外一个极端，就是绝对顺从。其实一味反抗和顺从这两种行为方式都不是可取的。我们日常在跟别人互动过程当中，很容易进入到要么我控制你、要么你控制我的模式。

我们要能够基于一种平等的关系建立建设性的、互动的合作。这才是个人格局的体现。这是一项境界很高深的修炼，需要很强的心理素质的修炼。

（二）真正了解上司

每个人都是不一样的。上司一定有自己的行为特点，如果我们不能够花时间去了解上司，想当然地以自己认为的方式跟他互动，最后的结果肯定会很糟糕。

有一次，小华聊起自己的工作，说道："我的一个同事，城府太深了。"我问他那人有什么表现，小华说："我在用一个笔记分析上司有什么行为特点，上司的优势、不足、决策模式以及更喜欢跟别人以什么方式来沟通。"

这位员工的做法对很多人来说都是个挑战，一不小心好像就变成了钻营。

其实不然，这是德鲁克特别提倡的一件事情。只有能够非常深入、准确地理解上司的目标、工作方式、优势、不足，以及沟通模式，我们才有可能跟他有很好的互动，进而达成良好的建设性合作关系。花时间去真正地了解上司是一个人在职场上成熟的标志，能够放下架子去研究，也是格局的体现。

有很多朋友在日常工作和生活当中会稍微自我一些，对了解别人没有太大的兴趣。那么这时候你就要当心了，仅以自己理解的一种善意跟上司互动是远远不够的。我们要能够更好、更全面地了解上司，这对我们自身的提升和提拔都是非常有利的。

（三）帮助上司成功

作为下属，不能臣服在上司的权威之下，有责任帮助上司，让他按照他自己最有效的方式开展工作，帮助他去发挥他自己的长处。

帮助上司成功是下属应尽的责任，也是让自己的工作更加有效的最重要因素。

假若你跟上司有效合作，他会更重视你的工作成果。如果工作成果得到重视，作为下属必然会成就感爆棚，职业生涯肯定也会有很大的变化。

（四）以领导者的思路考虑问题

下属站在老板的角度思考问题，以老板的心态做事，更能达成建设性的合作，同时提升工作效率，收获更多的效益，获得职场上的成功。

小兰出身农村，高中毕业就辍学外出打工，找到一份卖衣服的工作。

上班第一天，小兰先把店面收拾了一遍，地拖得干干净净，衣服整理得清清楚楚。小兰利用中午午休时间，出去买了一些便宜的花来装点店面，笑脸盈盈地迎接着每一个顾客。

小兰来到店面的第二个月，店里的营业额上涨了50%。跟小兰共事的人觉得她做事细心，为人格局大，找小兰买过衣服的人都喜欢找她回购。

小兰负责的区域，总是最干净的，有清新的鲜花，每一种细节都恰到好处。

有一次，老板来店面视察，问小兰是怎么想到的这些布置，并且每个月的业绩都做得这么好。

小兰谦逊地说：“我总是在想，这要是我开的服装店，我会怎么安排。”

老板觉得小兰是个人才，于是把她调到身边，打理生意。

小兰在老板身边工作时，一边工作一边思考：老板的目标是什么，怎么创造更多的收益，如何降低成本，老板对项目有什么样的看法，等等。

在老板身边工作的第五年，老板有个很好的项目，自己分身乏术，很难自己全面照顾。于是他立马想到小兰，让她当合伙人。

小兰从打工者的身份变成了老板，收入相比以前高了很多倍。

如果小兰只把自己定位成一个服装导购员，那么她的生活状态也可能就只有薄薪几千。几年后，她还只是一个不起眼的导购。

正是上班的第一天起，小兰就把自己定位成服装店老板，不断思考假若服装店是她的，她该怎么做。以老板的要求和思路去做事，并通过自己不断努力，小兰实现从导购到合伙人的跃升。

在职场中，做好本职工作是本分，倘若在做好本职工作的同时，把自己的位置定高一点，站在老板的角度想问题，视角、思维都会上一个台阶，工作状态也会不一样。

只要将自己的角度转换一下，思考的问题会比同事更多，解决问题的积极性也会更高，处事能力也在不断提高。当晋升机会来临时，也更容易把握跟胜任。

不越权，做好本职工作

一个精明的、有格局的员工，在工作起来保持着与领导的伙伴关系，但又时刻牢记领导与自己是上下级的关系，领导处于主导地位，而自己是辅佐领导达到目标的，居次要地位。员工要知道作为下属，处理哪些具有辅助性质的工作，而不是帮领导做出决定。

作家李梅给采访自己的那家杂志社打电话，想要一本刊有自己专访的杂志。当时主编不在，主编的助手接的电话。李梅就对助手说："你们的专访写得很好，杂志办得也很漂亮，我想再要一本这一期的杂志，送给我的朋友，请你转告主编一下。"

这个助手知道打电话的这个人就是大名鼎鼎的李梅时，很高兴地说："您再要一本这一期的杂志啊？没有问题，什么时间来杂志社拿都可以！"

李梅立即派人到杂志社，助手还没有回来，李梅就接到了主编打来的电话。他说："李老师，真是对不起！您打电话的时候我刚好出去了，我见到您派来取杂志的人了，您要一本，我给了他两本，方便您使用。同时，只要以后您需要，可以随时打电话到杂志社来要。"

李梅一听主编如此热情，于是赶快答道："谢谢你主编，你们专访做得非常好，我很感谢。"主编说："没有什么，我们还应该谢谢您呢。"停了一会，主编又说："能告诉我您第一次打电话时是哪一位接的电话吗？"

李梅有些困惑地问道："怎么啦？有什么问题吗？"主编说："没什么大的问题，您要五本杂志也不成问题，只是想对员工们做一次工作伦理上的考察。"

李梅意识到问题的严重性，没有说出那位助手的名字，但主编最后还是查出来了，毫不犹豫地把那位助手处分了，虽然她工作能力很不错。

主编处分助手，原因如下：

首先，这个专访是主编采访的，并且也是找主编要杂志的，助手只有告知权，而不能越级擅自做主。助手这样做，就把主编的威严搁置在了一边。

其次，给别人面子，让别人感激，是领导要做的事情，也是领导应该获得的殊荣，却让助手占先了。

再次，杂志可以随便答应送给别人，其价值就显得没那么重要了。好像杂志社里的所有人，都可以随便送给别人杂志似的，贬低了杂志应有的价值。

这位助手受处分，不能全怪主编。领导就是领导，面对工作时是工作伙伴关系，但在处理事情的时候，员工应该请示上级之后再作出决定。

做领导的工作伙伴，主要是在积极工作方面。在利益认同以及权力方面，不要与领导平起平坐，擅自做主，越级处理事情。

员工要站在领导的立场去考虑问题，切身感受领导的心理，顾及领导的颜面。有了这样的合作关系，自己的工作才会得心应手，双方联合起来才能使团队获得更大的利益。

玩转职场，需要很多方面的修炼，其中之一就是处理好跟领导之间的关系。向下兼容容易，向上同化较难，所以这是一门艺术。对这种关系的认知和处理的智慧，不单单适用于职场，也是人生中需要具备的技能。

确立好职场的格局，自然能确立好人生的格局。

确立好自己的定位，认清职场的各种规则，了解跟上级合作的真正含义，在保持自己的同时获得向上提升的机会，这是对共同利益负责，也是对自身的修炼。你准备好了吗？

第11章 武则天

女人为卑的时代，
上位需要依靠男人？
是你低估了她的格局

武则天

女人为卑的时代，上位需要依靠男人？是你低估了她的格局

扫一扫
看视频

生活中的先机，稍纵即逝，有些人能抓住它、利用它，更有人能提前捕捉甚至创造先机，达成先发制人的效果。

先发制人，才能先人一步，是掌握大格局的关键。

其中翘楚，正是女皇武则天。

前文中魏徵的故事证明，在职场上要养成自我定位的习惯。自我定位之后，还需要在合适的场合中，做出恰当的选择，让自己人生的每一步，都尽量在自己的规划范围内。当然，世事无常，命运并不是仅凭人力就可以完全料想到的。在这种情况下，就需要我们养成先发制人的习惯，抢占先机，主动去对抗命运的不公。在历史上，武则天就非常擅于把握自己的命运，她的人生履历也成为后人的启示录。

武则天的一生，可以说是波澜壮阔，她能在起起伏伏中成为历史上唯一一位女皇帝，自身的能力是相当出色的。

14岁那年，家道中落的武则天由于貌美动人，被选进宫成为唐太宗李世民的才人。唐太宗赐她“媚”这个称呼，人称“武媚娘”，但是年迈的唐太宗和年仅14岁的武则天并没有碰撞出什么火花。有次唐太宗得到一匹烈马，无人能驯服，武则天站出来，说可以驯服此马。她向李世民要了三样东西：一条铁鞭、一

个铁锤和一把匕首。之后，她便腰插铁锤、匕首，手拿钢鞭，驯服了此马。久经沙场的李世民，被眼前这个女孩的果敢和彪悍震慑，对她，也只能是敬而远之了。也许是冥冥中注定，武则天的主动出击失败了，但正是这次失败，才成就了她后来几十年的辉煌。

不久后唐太宗病重，太子李治在侍奉期间与武则天相识了，并且两人还碰撞出了一些火花。但是，武则天毕竟是唐太宗的才人，当时的李治也有所顾虑。唐太宗驾崩后，部分没有子女的嫔妃们被送到感业寺为尼，武则天也在其中。据说在剃度时，许多嫔妃哭哭啼啼，武则天却很镇定。她轻轻说了句："发落复生，首级不会。"这八个字让给她剃度的尼姑认为她并非普通人，以后定能成大器，于是允许她带发修行。

这段时间可以说是武则天人生的低谷，但她没有怨天尤人，而是选择蛰伏，积蓄力量。

有人说，掉进低谷爬不出来的叫作"废柴"，掉进低谷能爬出来的叫作"高人"，而掉进低谷能爬出来，并一直爬到山巅的叫作"神人"。显然，武则天就属于"神人"那一类。

吃斋念佛的日子里，武则天并没有闲着，她仔细思考自己脱离困境的途径，发现只有通过李治，自己才能走出感业寺。于是她用心写了一首《如意娘》，并卖掉一些首饰，重金托人把这首诗带给当朝皇帝李治。这封信成功送到了李治手里，也勾起了李治的回忆："看朱成碧思纷纷，憔悴支离为忆君。不信比来常下泪，开箱验取石榴裙。"

李治想起，那个曾经与自己朝夕相对的武则天还在感业寺受苦。恰好当时的王皇后正为李治专宠萧淑妃、冷落自己而苦恼，她看出李治对武则天还有旧情，于是主动提出把武则天接进宫，想借机压压萧淑妃的劲头。就这样，武则天重新回到了宫里。

这可以说是武则天重要的人生转折点之一。当命运的走向不尽如人意时，在旁人只会抱怨的时候，武则天是怎么做的？她选择为自己制造机会。

当她成功赢得李治的宠爱后，又步步为营，抢占先机。武则天圣眷正隆，这引起了王皇后和萧淑妃的不满。俗话说，商场上没有永远的朋友，只有永远的利益。在后宫里，也是这样。先下手为强，后下手遭殃，聪慧如武则天何尝不明白这个道理。但是，怎么出手，还是需要精心谋划的。世人都说李治软弱无能，其实李治只是体弱多病，性情软弱，但并非无能之辈。作为帝王，他不仅治理朝政有方，而且也有杀伐果断的一面。为了稳定皇权，不被关陇贵族势力左右，当武则天打击王皇后、萧淑妃时，李治选择了当她的同盟。通过“废王立武”登上皇后之位，武则天成为六宫之主。而李治则通过这件事将唐太宗遗留的政治班底赶出朝堂，坐稳了皇帝之位。

在这一过程中，武则天不仅懂得利用机会，抢占先机，更懂得发挥自己的既有优势。

武则天利用唐朝这个时期的政治特色，从家族逻辑出发，完成了自身的谋划。

王皇后身后有着庞大的关陇集团，包括李治的亲舅舅长孙无忌，势力非常庞大，而萧淑妃则是江南的齐梁皇室后裔，二者不属于一个集团。李治原本是想用萧淑妃来制衡王皇后，无奈萧淑妃不太聪明。这时更好的选择出现在他面前，就是武则天。

武则天之所以被选中，和她的个人特质有关，史书评价武则天说，“政由己出，明察善断”。这八个字是典型的谋士特征，武则天也正用这一特质帮助了李治，同时，也是对自己的助力。

武则天想取王皇后代之。正好，李治也有同样的想法。帮助李治对抗关陇集团的期间，也是武则天进行政治提升的最好机会。可以说，在一定程度上，她是李治的“一把刀”，去执行李治不方便执行的事情。朝堂、后宫，她都可以有所作为，比如说跟关陇集团特别是长孙无忌的搏斗，很有可能就出自李治的授意。那当然，也给了武则天极好的练手机会。

后宫里，制衡王皇后的过程更是机关算尽。武则天的优势在于利用一切细节。

她经常把平时得到的赏赐都分给了宫女们。这些宫女得到赏赐，心怀感恩，自然就对她更上心，一旦有什么事情，就给武则天通风报信。这其实正是武则天建立了旁人注意不到，或者说不屑注意的情报网，从小人物出发，运用一切资源。这让她一次又一次化险为夷，规避了许多风险。

从细节出发，让武则天网罗了足够的信息，能够为她的先发制人与攫取机会打造优良的基础。《道德经》说："天下难事必作于易，天下大事必作于细。"掌握住细节，用心观察往往能捕捉一些旁人无法获取的信息与资源，积累起来，方能总览局势，更能出其不意，一击制胜。

武则天母仪天下后，并没有满足现状，她有自己的政治追求。

起初，她只是在背后为李治进言献策，李治也为有人为自己分担政务而欣慰。可是当武则天的权力欲逐渐增大时，此消彼长，李治也意识到自己的权力正在流失。天无二日，国无二主，一山难容二虎，哪怕是关系最亲密的夫妻，也会因为权力而产生裂隙。

渐渐地，武则天和李治由夫妻联盟一致对外，变成两个对立的政治阵营。武则天当然也知道这一点，她依旧在利用注重细节的优势，将自身势力渗透到李治的贴身侍从，监督着李治的一举一动。

朝中风云变幻，不久后宰相上官仪与李治商议废掉武后之位，这次机会本来对李治十分有利。可惜李治性格中的软弱因素再次作祟，闻讯及时赶到的武则天又抓住了先机，她打出感情牌，哭得梨花带雨。一看，心软了，连忙退却，声称：不是我要废掉你，是上官仪提出的。就这样，上官仪一族成了"背锅侠"，全家几乎被满门抄斩。而武则天捍卫住了自己的权力，再也没有人能动摇。

武则天的命运也再一次握在了她自己手里。

接下来仍旧是武则天人生的重要时刻。690年，武则天称帝，改国号为周。

为了维护自己的统治的许多政策，她不惜动用酷吏，打击李唐势力。

但是另一方面，她延续了贞观之治的许多政策，并进一步发展了科举制度等，政绩有功有过。武则天晚年时，把皇位传给了自己的儿子李显，还政给李唐王朝，结束了武周的统治。

她死后，留下一块无字碑，功过任凭后人评说。其中格局，不言自明，胜过诸多帝王将相。

正是武则天强大的心态、先发制人的习惯与行动力，成就了女皇的一生。

纵观这个站在权力巅峰的女人的一生，爱过，恨过，背负骂名，也曾创造历史，只是唯独没有放弃过。她度过低谷，挺过失落，唯独没有怨天尤人。人们经常感叹命运难以捉摸，从武则天身上，后世能看到一个先发制人、不畏惧命运的女强人形象。

当命运的天平走向对你我不利的方向，不妨想想武则天。强者，从来不害怕命运的捉弄。她用先发制人，撑起自己的格局，利用自身的优势，抢占先机，才能步步为营，终到权力顶峰。这正是武则天留给后人最好的财富与启示。

第12章 李清照

才女也会看走眼，两场婚姻的悲剧，
却见女人高雅的骨气

李清照

才女也会看走眼，两场婚姻的悲剧，却见女人高雅的骨气

前文中我们曾提到过站上权力巅峰的女性武则天是如何强势逆转自己人生的。武则天作为女人，在古代男权社会里，成为女帝，的的确确是前无古人，后无来者。同样站上巅峰的另一位女性——李清照，也曾经征服了古代社会，但她凭借的是自己的文学才华。

文学世家出身的她，17岁时成名，中年丧夫。然而并非只有登上权力的巅峰才是一个人的格局所在，在动荡的时代活出一个人最优雅、充实的一生，做出正确的选择，更是格局的展现。

李清照就是如此，她用女人的骨气撑起一个时代的格局。

少女时代的李清照，是可爱娇羞、青春活泼的。俗话说，哪个少女不怀春？看到帅气的公子，她的内心也会小鹿乱撞。“见客入来，袜刬金钗溜。和羞走，倚门回首，却把青梅嗅。”和女伴们喝酒游玩，常常傍晚才回来，少女生涯肆意而潇洒，“常记溪亭日暮，沉醉不知归路。兴尽晚回舟，误入藕花深处。争渡，争渡，惊起一滩鸥鹭。”雨打娇红时，她也会有少女般的哀愁，“昨夜雨疏风骤，浓睡不消残酒。试问卷帘人，却道海棠依旧。知否，知否？应是绿肥红瘦。”

李清照的这几首词一出，便火遍了汴梁，火遍了北宋。

世人都好奇，这个富有才情的少女，怎么这么会写词？当时年轻的赵明诚，

也听说了有位姓李的姑娘，也看了她写的词，从此思慕不已。

老话说，人生难遇一知己。无论是友情还是爱情，遇到一知己，人生便无悔。李清照和赵明诚一开始也是这样，“金风玉露一相逢，便胜却、人间无数”，才子佳人，成为千古佳话。

然而人与人的关系很难始终顺遂，它需要良好的沟通和维系。李清照与赵明诚的婚姻生活幸福吗？起初的十几年，大概是幸福的。

赵明诚在金石文化研究上颇有名气。他骨子里的儒雅、文人气质，正是李清照所喜欢的。他们二人志同道合，彼此欣赏，琴瑟和鸣。郎有情，妾有意，二人新婚的生活如同风花雪月。

他们一起逛街，在卖花担上，买得一枝春。调皮的李清照，把花儿插在自己的发间，看起来娇艳欲滴，她娇羞地问郎君，你说是花好看，还是我好看？这大概就是爱情最初的模样吧：我喜欢闹，而你总能配合。我们不知道赵明诚是怎么回答的，但是这个答案一定是让李清照满意的，因为诗词里，满满的都是爱意。

他们一起研究书画金石、较量诗词，有时二人会去淘一些喜欢的书画，有时会打赌猜书。谁猜对了，就可以先喝茶，李清照记忆力好，赢的次数多，有时候赢的时候太开心，茶水会不小心洒到怀里，二人相视一笑。和爱的人在一起，而且兴趣相通，彼此陪伴，这是婚姻幸福必备的调和剂。细水长流的日子，两颗灵魂，需要爱和有趣来碰撞。

两人也有离别的时候，“一种相思，两处闲愁。此情无计可消除，才下眉头，却上心头”。爱情还在时，思念也是幸福的味道。因为当你在想他时，他也在想你。

可惜，好景不长，不久后，山河破碎。

公元1126年，金兵攻进汴梁。

李清照和赵明诚追随宋高宗，逃往南方。赵明诚在江宁做知州，带人抗击金兵。

英气豪放的李清照本以为丈夫肯定是个保家卫国的英雄，不料，赵明诚却做了逃兵。1129年，江宁军中叛乱，赵明诚的下属提前发现，镇压了叛乱。可是没想到，身为官长的赵明诚却在混乱中，越墙逃跑了，不管自己的妻子，也不管手底下的人。

对丈夫失望的李清照，恨自己不是男儿身，也恨自己不能保家卫国。悲愤交加的她写下《夏日绝句》："生当作人杰，死亦为鬼雄。至今思项羽，不肯过江东。"可以说，诗词中李清照的气节与格局，胜过当时的许多男儿。她的诗词不仅仅是记录，更是时代格局的展示。

因于"越墙"事件，赵明诚被朝廷停职，不久，又被派往湖州任职。夫妻分别之时，赵明诚已经不关心李清照在混乱的局势里，如何度日了。李清照问赵明诚，我要是遇到金兵怎么办。赵明诚说：不得已时，你就丢下包袱、衣被、书卷和古器，但是唯独金石不能丢，哪怕舍弃性命也不能丢。

这时的赵明诚，哪里还有一位丈夫该有的担当？想必李清照此时的心情相当一言难尽。

新婚伊始，赵明诚能分得清花和人哪个更美；大难来临时，他却告诉妻子，看好的金石，金石在你在，金石亡，你亡。到这时，李清照也对这段婚姻失望透顶了。

如果不是在乱世，李清照也许会拂袖而去。但是，乱世里，身体虚弱的赵明诚病倒了，李清照带着丈夫收藏的金石，赶到湖州去照顾他，可惜赵明诚还是很快离世了。回想起两人的琴瑟和谐、后来的小别以及慢慢产生的嫌隙，李清照流下眼泪。那个曾经爱过她，后来不爱她的人，终究还是走了。

李清照带着丈夫珍爱的几车金石字画，在乱世里，继续漂泊着。

尽管生活漂泊无依，处处苦涩，旅途中的李清照，却仍旧能保持积极生活的心态，甚至能在闲时维持自身的爱好，打牌书写，样样不落。

后来，漂泊到杭州的李清照，依旧过着朝不保夕的生活，经常有人偷她的东西。她在杭州认识了一个人，名叫张汝舟。起初，这个人总是对她嘘寒问暖，一脸崇拜，承诺会帮李清照一起保护金石字画，照顾李清照一辈子。但是，李清照嫁给他后，张汝舟却变了脸，露出了凶恶的本来面目。原来，张汝舟只是贪图李清照的金石字画，当李清照不愿意交出来时，他甚至痛打李清照。

独立如李清照，哪能忍受这个渣男的家暴，她提出了离婚。在宋朝，理学盛行，提出离婚的女人并不多，而且女人提出离婚，还要有牢狱之灾。但是，困顿中的李清照，不惜自己坐牢，也要坚定地离婚。这种决绝，放在现代，也是非常值得佩服的。

李清照在这两段婚姻里，有着超越时代的独立人格。她能够保持有效沟通，畅快淋漓地去表达自己心中所想，遇到人生转折时，也能拿得起放得下，独立做出决定，保持独立人格。

遇到所爱时，就用心去爱，无怨无悔；不爱时，干脆利落，索性分开。

爱人去世后，替爱人守护所珍爱之物。遇人不淑时，果断摆脱错误的婚姻，绝不拖泥带水。哪怕颠沛流离，李清照也活出了自己的精彩。独立。有自己的事业，有自己的信仰，格局胜人一筹，这正是李清照为后人留下的启示。这样的才女，别说是放在古代，就算是现代社会中，她精神世界的丰富也是难得一见的。精神世界决定着一个人思想的厚度，从而决定格局，令人能在世间沉浮中，更加应对自如。

变化万千篇

第13章 孙膑

君子报仇，十年不晚，
忍辱负重有时候是必要的

孙膑

君子报仇，十年不晚，忍辱负重有时候是必要的

《论语·宪问》中有这样一段对话：

或曰："以德报怨，何如?"

子曰："何以报德？以直报怨，以德报德。"

可见，即使是圣人孔子在面对人世间的恩怨是非时，也不能轻描淡写地宽恕它。那么，面对仇恨，我们有必要打开格局吗？到底怎样的习惯才能促成"君子报仇"的最佳路径？

历史已给予我们同样的启示。

我国历史上有很多神秘的人物，比如骑牛的老子、像世外高人一样的鬼谷子等，关于他们的传说也有很多，人们至少还会知道他们的原名，但有一位军事家，他的原名几乎被人们遗忘了，这个人就是孙膑。

孙膑的"膑"另有深意，"膑"的原意是膝盖骨，在古代也特指一种刑罚，指的是剜掉人的膝盖骨。从古至今，大概没有父母会给子女起这样的名字。孙膑之所以取名为"膑"，是因为他受过刑罚，被剜掉了膝盖骨，导致残疾，不能走路，从那以后，别人就喊他孙膑了。通俗地说，孙膑这名字跟"孙瘸子"差不多。

这一称呼，就代表着孙膑经受的人生考验。

那孙膑原名叫什么呢？

历史上并没有具体的文字描述，司马迁在《史记》中记载：“孙武既死，后百余岁有孙膑。膑生阿、鄄之间，膑亦孙武之后世子孙也。”大意是说，孙武，也就是《孙子兵法》的作者去世百年后，孙膑出生了。孙膑出生在阿、鄄两地之间（这个地方大概在今天山东菏泽鄄城北），孙膑是孙武的后世子孙。

可见，就连司马迁也没考证出孙膑原名是什么。

后来，民间有人根据孙氏族谱，说孙膑原名叫孙伯灵，这个说法，真伪无法辨别。但我们看到的是，在历史的长河中，他的本名已经被遗忘了，一个“膑”字，代表的是他经受酷刑之后永远的疤痕。

那孙膑为什么会经历酷刑呢？

这还要从他的同窗师兄庞涓说起。据说，孙膑和庞涓都师从鬼谷子一起学习兵法。孙膑天资聪颖，再加上勤奋好学，才华和能力逐渐超过了庞涓，这让庞涓非常不开心。

庞涓是孙膑的师兄，他先下山来到魏国，成为魏国的谋士，开始显山露水，慢慢地有了地位，被魏惠王拜为将军。

可就算是当了将军，庞涓心里面还是不太踏实，他总担心比自己出色的孙膑有一天会对自己造成一定的威胁，于是设计一个阴谋，诱使孙膑来魏国，想借机让孙膑永远不得翻身。《论语》中说：“君子无罪，怀璧其罪。”君子本来没有罪过，但是怀中有玉就成了他的一种罪过。孙膑就是这样，他什么都没做，能力出众并不是他的错，但是，就是这一身才华给他招来了横祸。孙膑当时还很单纯，他没想到同窗师兄会加害自己。

孙膑来到魏国以后，庞涓利用自己的职权，捏造罪名，将孙膑处以膑刑和黥刑（在人脸上刻字）。大概是念及师兄弟情谊，或者是觉得孙膑可能活不了多久了，构不成威胁了，庞涓没有杀掉孙膑，留了孙膑一条命。

孙膑在经历了这番常人难以忍受的磨难之后，活了下来。活着才有希望翻身。孙膑开始策划如何逃离魏国。他开始装疯卖傻，一会儿哭，一会儿笑，看到送来的牢饭，他竟然连碗都扔掉了。一开始，庞涓并不相信孙膑疯了，他觉得孙膑那么厉害的一个人，怎么可能说疯就疯了呢？他派人把孙膑扔到猪圈，孙膑披头散发，在猪圈里打滚，甚至把猪粪塞进嘴里大嚼起来。庞涓这才相信孙膑真的疯了。

从那以后，他对孙膑的看管变松了。

孙膑放下身段，换来了活命的机会，有时候，男儿弯腰也是君子。当齐国的使者出使魏国时，孙膑以刑徒的身份，秘密拜见了齐国使者，用言辞打动了他。齐国使者觉得孙膑不同凡响，于是偷偷用车把他载回了齐国。来到齐国的孙膑得到了田忌的赏识，当了田忌的门客。

在田忌赛马的故事里，指点田忌胜出的背后高手就是孙膑。齐威王很好奇田忌是怎么赢的。田忌就把孙膑推荐给了齐威王，齐威王对孙膑非常尊重，向他请教兵法知识，甚至请他当自己的老师。劫后余生，孙膑选择了韬光养晦，伺机而动。

公元前353年，赵国被魏国围困，向齐、楚两国求救。

齐威王让孙膑带兵打仗，孙膑却表示，自己受了刑罚，可以当军师，不适合将领的角色。孙膑采用声东击西、围魏救赵的战术，直捣魏国首都大梁，迫使魏国撤军，解救了赵国。

此外，孙膑带领主力部队在桂陵设伏，一举擒获庞涓。这一战，孙膑胜了。公元前351年，魏国与赵国在漳河边结盟，齐国将庞涓释放，回魏国再度为将。公元前341年，魏王又命庞涓去攻打韩国，韩国向齐国求救。齐威王以田盼为主将，田忌、田婴为副将，孙膑为军师，再次出兵解救韩国。这一次，孙膑采用“减灶示弱”的诱敌之法，让庞涓误以为齐军斗志涣散，不堪一击。同时，孙膑又一次运用“围魏救赵”的战术，让自信心膨胀的庞涓掉入圈套。

在马陵这个地方，庞涓终于殒命。有人说他是自杀的，有人说他是被乱箭射死的，但结局都是，庞涓战败而亡。时隔十几年，孙膑与庞涓的恩恩怨怨终于告一段落。就像是民间流行的那句话：君子报仇，十年不晚。

孙膑用了十几年时间，光明正大地战胜了庞涓，这本身是件很励志的事情，不被屈辱、愤怒控制，饮恨蛰伏，不断完善自己，然后伺机而动，一雪前耻。

那在两千多年后的今天，孙膑的故事还有哪些现实意义呢？在他的复仇路径下，有着怎样的可靠逻辑？

形势所迫，先活下去也是智慧

孙膑受到庞涓的迫害，遭受残酷的刑罚，甚至还有随时殒命的危险，难道他没有摆脱厄运的愿望吗？难道不想去别的地方施展才华，一雪前耻吗？当然想，但是身体已经残疾，环境风声鹤唳，各种条件都不允许他轻易逃脱，所以他只能先“苟活”着，只能让自己放弃尊严，忍辱负重，等待时机重获自由。

电视剧《艰难的制造》中有一位海归机电博士柳钧，讲述了他从1998年到2008年扎根祖国母亲怀抱的创业史。柳钧秉承实业理想，专注自主研发，注重人才培养，不急功近利，他手握核心技术，更团结着员工的心，他和员工一起顶住了2008年的冰冻灾害、5·12地震、次贷危机的多方冲击，为自己的企业腾飞赢得了一片光明。柳钧的秘诀就是：千方百计地生存。只有活着才是生命的全部。

面对严峻的考验和无法改变的外部不利因素，我们只能先蛰伏一会，只能先姑且接受。一个人的生存是个人价值的延续，关系着家庭的走向，一个企业的生存不仅仅是为了自身的发展，还关系着其他家庭甚至社会的安定。在苦难中艰难活着，真的是至关重要的事情。

剧中另一主角钱宏明，是柳钧的同学、朋友，是柳钧唯一能把身家性命托付的人。但他走的是一条捷径：不做实业，做期货、炒房产……辉煌一时。

从他的座驾就可以看出他走过的10年辉煌轨迹：1998年机场接柳钧时开的是桑塔纳2000，2000年换成宝马M3，2003年驾驶宝马X5，2007年换成了宾利。

亚当·斯密说过："金融不创造价值，不增加社会财富。"但钱宏明似乎打了亚当·斯密的脸，快捷地得到了金钱和随之而来的荣耀和一切。可是，因为各种难以承受和接受的压力，钱宏明还是死在了黎明前。

希望不死，困厄中绽放生命之花

孙膑受到刑罚，受到各种惨无人道的待遇，竟然还能勇敢地活着，是因为强大的希望支撑着他，让他在困厄中发挥着聪明才智，绽放着自己的生命力。所以当苦难降临时，当形势所迫时，怎样生存，怎样有智慧地活下去，也是一门艺术，这也是对"希望"两个字最大的尊重。

"希望"支撑着一个人尚未坍塌的格局。

在约翰·斯坦贝克的《愤怒的葡萄》中，20世纪30年代美国经济大萧条期间，由于农业机械化、资本家对耕地所有权的掌握、环境的破坏等，大量失去价值的农民被拖拉机赶出了家园，乔德一家便是其中一员。他们离开俄克拉荷马州，在一张来自加利福尼亚州招聘工人启事的引导下，驱车一路向西。殊不知，他们只是几十万流民之一。当他们一路颠沛流离，失去四个亲人，来到加利福尼亚之后，却发现这儿的繁华与富庶是他们可望而不可即的。

工作少得可怜，庄园主通过招募数倍于岗位的工人以压低工钱，他们劳作一天的工资其实只够填饱肚子而已。小说的最后，加州的冬天来临，洪水接踵而至，冲走了庄园里的果实，也带走了他们最后的工作与希望，真正的考验来临了。小说却在这个高潮戛然而止，留给我们充足的想象空间。

乔德一家还依然会坚持下去吗？会的。一路上，他们克服了亲人逝去的悲痛，解决了汽车抛锚，穿越了无人的沙漠，躲避了警察的追捕，顽强地挣着微薄的工资……他们已习惯黑夜，但不妨碍他们仰望星空。故事的结尾给人以极大的震撼，孩子夭折的罗莎夏自愿将自己的乳汁献给一位已饿得奄奄一息的陌生人，这是一种接受命运苦难的伟大。这不是妥协，而是一种生命力的顽强绽放。

我们震撼于他们所接受的穷苦，震撼于他们在黑夜中仰望星空的勇气，更震撼于人性之花的绽放。

这些都是命运降临的苦难，而能在苦难中绽放出花朵，保持着希望，并充满着人性之光，这才最难做到的，也是我们必然要经历的磨难。

选择生存，默默等待发展契机

青年作家、编剧胡迁自杀，只给世人留下了两部小说《大裂》《牛蛙》，另加一部电影处女作《金羊毛》。

据说当年九月他就有发微博流露自杀的倾向，除了女友离去，剩下的主要原因大概是因为钱——小说只拿到2万元版税，电影一分钱没有领到，他在自杀之前的几天还在拿着稿子四处投递。

胡迁说：“这个世界不会好了。”留下这么一个短促的决绝的句子，决然离去。

这个悲伤的故事让人联想到《世界奇妙物语》中的《自杀悲愿》一集，那是一个“老年版胡迁”式暗黑故事。男主人公写作一生，出版十几本著作，但是销量平平，没有一本书有过再版的机会，一生穷困潦倒、家徒四壁，妻子与儿子都看不起他，被认定为一个吃闲饭的无能之人。

有一天高考放榜，他的儿子考上了大学急需一笔学费，他无奈之下只能硬着头皮奔走出版社祈求编辑给他的书再版，希望能领到一笔救命的版税。他却遭到了编辑的无情拒绝，离开的时候无意之中听到有人给编辑打来电话说某某作者意外身亡，生前书籍销售一空，急需出版社加印的消息。

男主角转身离开之时脸上露出了神秘的微笑。回到家，他开始策划自己的死亡，写好遗嘱并把要自杀的消息委婉地透露给了家人与编辑。家人与编辑竟然在内心期待着作者的自杀，尤其是编辑，竟多次打电话来催促作者为什么还没有动手。

事实上男主角在此过程中已经尝试了诸如上吊、跳崖等多种自杀方式，但是均因为一些意外事件，自杀未果。在经历了几次自杀之后，他已经不愿意死了，他明白了一些活下去的意义，但是舆论的压力让他面临了一种不得不死的困境。

电影刻画得十分辛酸。当然故事的结尾还算温情，一个年轻的记者听说作家要自杀的故事要采访他，他羞愧地把自己策划自杀的整个计划全盘托出。让人意想不到的是，经过电视新闻报道，男主角一下子火了，人们对这个自杀未果的作家充满好奇，他的书籍大卖，被抢购一空。

胡迁没有影片中的老作家这么幸运，但是作家自杀事件的确反映了很多文学写作之人的辛酸处境。曾看到一位读者在胡迁事件的评论中写道：之前读书，看海明威谈一堆写作技巧，末了，又说，其实作家千方百计活下来才是最重要的。

是啊，得先活下来。在能够看到曙光之前，要千方百计地活着，这样才不会掉进不见底的深渊，放弃自己的梦想，甚至是看到现实落差后的放弃生命。

事实上不仅仅是文学，任何艺术形式的创作都是如此。困境存在于任何行业。

我们在追求目标的过程中，往往离不开三个字，那就是“先活着”。只有让自己先活下去，能够正常地生存，然后才能够去谈理想、求目标，才能真正把自己心中的抱负一步步地实现。但是，在很多时候，我们却恰恰认为这是最不应该在意的，都想着一步登天，实现理想，然后被现实打脸，陷入精神颓唐。

现实中，很多人的生活、工作都会受到不同程度的阻碍，这是一种不可违的大势。要么选择忍辱负重地坚守下去，要么选择完全放飞自我，直接放弃，不再有任何烦恼忧愁。心中有很多的目标和实现的方法，但是却因为特殊的原因和时间点不能够实施，那么就不应该单纯地等待适合自己的时机，而是要想尽一切办法活下去，活下去才能够找到或等到心中的那个契机。有的人有才华，或许还是别人或自己口中的才华横溢之人，但没有成功便自认为才华没人欣赏。这个时候需要的不是怨天尤人、哀叹上天不公，要做的是先想办法让自己活下去，坚持自己的方向熬下去，只有活下去、熬过去，才会等到展露自己才华的那一刻。

磨难并不可怕，可怕的是丧失了生活的勇气，这正是孙膑留给后人的启示——他的格局所在，是放下眼前的屈辱，拥抱将来的希望，并付诸行动。

生活中有很多坎，有很多让人意料不到的打击。人生在世，首先是要活着，活着才有希望，不然，谈何格局，谈何前进?

不仅是个人，对于企业、事业都是这样，先生存，后发展。

稳固与希望支撑起即将破碎的格局，让人看到重建人生的曙光。

孙膑忍辱负重，是因为心中还有对成功的渴望，还有对生命的尊重，还有对生活的希望，所以选择在困境中先保命。这不是耻辱，这是为了夙愿甘愿付出一切的精神，包括人人称道的尊严和体面。忍辱负重，最终打败庞涓，报了自己的宿仇，实现了愿望，这才是真正伟大的励志故事。

第14章
曹操

脾气和名声不咋地，
却受广大谋士追随，
与这个优点有关

曹操

脾气和名声不咋地，却受广大谋士追随，与这个优点有关

只有团队核心人物的格局才能决定格局的上限，只有一个人最鲜明的特点才能凸显一个人的格局——这就是曹操人格魅力与团队管理的格局所在。

不是英雄，不读三国，提到三国时期的英雄，不得不提曹操。曹操给许多人的第一印象就是“奸雄”，还有他鼎鼎大名的那句“宁教我负天下人，休教天下人负我”，使得曹操在大众眼中的形象一直不太正面。纵然如此，却无法掩饰他的人格魅力。

鲁迅先生说：“我们讲到曹操，很容易就联想起《三国志演义》，更而想起戏台上那一位花面的奸臣，但这不是观察曹操的真正方法……其实，曹操是一个很有本事的人，至少是一个英雄。”根据客观历史来说，曹操出生于一个宦官家庭，最后能做到“挟天子以令诸侯”，三分天下有其二，必定有不少启示留待后人解读。

其中，曹操的团队管理技巧最值得一说，在东汉末年，曹操是怎么把团队做大做强，并打败不少实力雄厚的竞争对手的呢？其中经营团队的习惯是不可或缺的。

官渡之战：管理者的基本素质

如果用现代的标准来说，曹操其实是个非常卓越的老板。有人说，曹操生性多疑，杀人不眨眼，在他手下当差，可能连小命都保不住，他怎么会是个好老板呢？一个人的管理策略需要放在对应的时代背景下观察，如果曹操在现代，恐怕也只是一个脾气暴躁且严格的老板而已。

试问，如果一个老板脾气暴躁或者对员工相当严厉，他是不是一个合格的老板呢？

创立苹果公司的乔布斯就是一个脾气相当不好的人，创立华为公司的任正非也以严格闻名。如何评价他们的好坏，合格与否？从他们公司对社会所创造的价值，以及他们所培养的高素质员工等方面来说，他们都是名副其实的好老板。

因此，从某种意义上说，曹操也是一个不错的老板。我们不妨拿曹操一生中最让人津津乐道的一场战役——官渡之战，来详细剖析，试看其中有哪些管理者的好习惯。

官渡之战是历史上以弱胜强的经典案例之一，正是这场战役奠定了曹操统一中国北方的基础。官渡之战其实是两个集团的对弈，一个是袁绍集团，一个就是曹操集团。

乱世之中，名士纷纷投靠割据一方的霸主，这样的情形与现代社会有些相似。在现代社会，无论是英才，还是投资人，都想找到一个有潜力的好公司、好老板，择良木而栖。东汉末年，也涌现出不少人才，当然了，那时候创业集团也很多。徐晃、庞德、张辽、郭嘉、荀彧、许攸等人就面临着抉择，是在一个碌碌无为的集团里过着没有美好前景、没有升迁，甚至可能连命都保不住的生活，还是选择一个潜力股，一个好老板，让自己的才华有一番用武之地？当然，大多数人都会选择后者。这也就是强极一时的袁绍集团，最终被曹操集团兼并重组的原因所在。

曹操曾经说过："争天下必争之人，而争人必先争心。"在争夺人心的这场战役中，袁绍输得彻彻底底。袁绍麾下曾经有位谋士，叫郭嘉，字奉孝，人称郭奉孝。郭奉孝这个人非常厉害，被史书誉为"才策谋略，世之奇士"。他在袁绍身边待了一段时间后，发现袁绍不是能成大事的人，不值得追随，转而投靠当时并不太被人看好的曹操。郭奉孝经过荀彧的举荐，得到曹操的重视以及重用，好的下属遇到好的老板，就会产生成功的"化学反应"。在郭奉孝辅佐曹操的十几年间，为曹操立下了汗马功劳，可惜他英年早逝。曹操曾在赤壁之战失败后痛哭：如果有奉孝在，不会让我到这步田地！

同样，官渡之战中，许攸也从袁绍集团转投曹操集团，看两位领导对许攸的态度就可以分辨一二。

许攸在袁绍团队中，看准机会，给袁绍出了个狠招。袁曹两军相持，许攸认为曹操的大本营许都此时必定空虚，建议袁绍派轻骑去抄曹操老家，首尾相攻，这是相当绝妙的计谋。事后连曹操本人听说了许攸的计策后都惊出了一身冷汗。

可惜，计谋再优秀也无用，因为袁绍根本不听许攸的谋划，气得许攸大骂"竖子不足与谋！"连夜投奔了曹操，曹操对待人才的态度相当友善——起码从表面上看是这样的，他跟许攸也算是老相识，听说许攸要来投奔自己，曹操连忙光着脚来迎接，非常给面子。

面对许攸的试探，曹操并不气恼，许攸见状，认为曹操能采纳他的计谋，很果断地为曹操出计火烧乌巢，帮助曹操赢得了胜利。

然而许攸这个人很有性格，有些轻佻，说话更是不讲究，比如不久后许攸又出计水淹冀州，在给曹操献计的时候相当不客气，说："丞相何坐而欲待天雷诛杀谭、尚二袁乎？"意思就是，你不想办法，不听我的，难道等着老天帮你啊？

可曹操作为老板，能忍这些细节上的僭越，这就是他身为领导者的潜质之一，有格局、不拘小节，才能吸引人才。

另一方面，作为一位优秀的领导者，执行力必须足够强悍。

用行动的习惯打好格局的基础。

领导者当然也需要执行力，需要悟性，就以“挟天子以令诸侯”这件事来说，其实并不只有曹操团队动过心思，这个设想最早出现在袁绍团队中，他的谋士沮授早就给袁绍提过这个意见，而且以当时的环境来说，袁绍比曹操更有利。

但袁绍犹犹豫豫，瞻前顾后，为小细节而失去大方向，反倒被曹操抓住先机，将汉献帝迎至许昌。

可见人才的实力能否完全发挥，也不仅仅在于人才本身，更在于领导者的格局。

那曹操身上到底还有哪些好老板的潜质，能让郭奉孝等人如此看重呢？

在曹操对阵袁绍之前，胜算并不是很大，他对自己也不是非常有信心。《十胜十败论》是郭奉孝为鼓励曹操的一篇激励文，在这篇文章中，郭奉孝详细地说明了曹操身上的好老板特质，讲明白了袁曹双方老板的优缺点。他分别从道胜、义胜、治胜等等的十个方面来阐述了曹操必胜的原因。

《十胜十败论》大致意思是说：

在企业文化上，袁绍比较注重浮华、讲究一些烦琐的礼仪，这就很大程度上打压了员工的积极性，而且他宣扬的是用反叛力量夺取天下，不得人心。而曹操则认为符合自然本性比较好，营造宽松和谐的工作氛围，他打着“复兴汉室”的旗号，吸引了一大批仁人志士，在企业文化的塑造上，曹操胜出。

在对待人才上，袁绍表面上宽厚待人，实际上任人唯亲，放纵部下争宠献媚，让手下的大将拉帮结派，自己却装作什么都没看见。而曹操则是以诚待人，以德服人，任人唯才，在管理员工上依据一定的章法，赏罚得当，对犯错的属下就按律法来纠正。

另外，曹操治军非常严格，而且能做到以身作则。“割发代首”的故事，就体现了这一点，曹操在行军时曾经制定了践踏百姓麦苗当斩的制度，有一次曹操的马被鸟惊了，跑到田里去了，曹操按律当斩。曹操要举刀自杀，被众人劝住。于是，他割发以代，这个举动让他赢得了军心和民心。

然而细究起来，其实“割发代首”的故事，正处在曹操相当擅长的领域：打舆论战、做面子工程，这也是身为一位领导必备的素质，也是面子上的大局观。

割发代首：舆论与“面子工程”

这件事发生在曹操讨伐张绣时。曹军路过一片尚未收割的麦田，因为有军队过路，农民们不敢收割，曹操下令：“大小将校，凡过麦田，但有践踏者，并皆斩首。军法甚严，尔民勿得惊疑。”也就是践踏麦田的人，都要斩首，军法严明，是相当安抚民心的一招。

可戏剧性的是，曹操前脚刚下令严禁践踏麦田，结果他自己骑着的那匹不听话的马却偏偏践踏了麦田。曹操说：军法如山，得给我定罪。于是拔剑就要自刎，他当然不是真心要自杀，郭嘉及时出言，说《春秋》之义：法不加于尊。曹操一听，既然《春秋》都这么说了，那就不用自刎了，割发代替吧。还让人把这个消息传令三军，起到了让“三军悚然”的威慑作用。

郭嘉显然是在给曹操体面的台阶下，在传承至现代的《春秋》中，其实并没有这句“法不加于尊”，当然郭嘉说得也很严谨，不说《春秋》而说“《春秋》之义”，那以微言大义著称的《春秋》，能解读出来的东西非常多。

可见曹操至少在表面功夫上能把事情做得周全漂亮，不惹人非议。也因为曹操的出身并不高贵，因此务必在舆论战上赢得漂亮。在人才策略上，他也是如此作为——至少竭力打造出渴求人才、善待人才的形象。

曹操求贤若渴，爱惜人才，比如谋臣贾诩，和曹操有杀子侄杀爱将之仇，曹操照用不误；见到许攸背叛袁绍前来投奔他，他光着脚出来迎接，而且还先拜于地，这都是非常拉好感的。

袁绍大败后，曹操见到被囚禁的沮授，更是求贤若渴。但与许攸不同，沮授不肯投降。

沮授宁死不肯投降的态度并没有激怒曹操，曹操还劝他，说袁绍无谋，不用你的建议，你怎么还执迷不悟呢？还说如果他早能将沮授纳于麾下，“天下不足虑也”。这么抬举沮授的说辞，加上曹操一贯对人才的厚待，依旧不能打动沮授，但可见曹操求贤若渴的态度。

然而对那些他不爱却不能怎样的人才，比如名士清流们，他也不会在明面上进行绞杀。

比如名士祢衡，声名满天下，桀骜不驯，对曹操恶语相向，曹操却也不杀他，只是侮辱性地让他去做个鼓吏。曹操觉得，像祢衡这样名声在外的人，如果杀了他，天下肯定会议论曹操不能容人，所以折辱一下他就算了。

曹操是不想杀吗？不是，曹操是不能杀，不敢杀。

作为一个领导者，他必须为招揽人才、礼贤下士的好名声打下基础。祢衡一次次激怒曹操，曹操最多也只是借刀杀人，强行让祢衡去出使刘表，借刘表的刀来杀祢衡，这样坏了名声的就是刘表而不是他曹操。当然刘表也会甩锅，把祢衡扔给了黄祖，最终祢衡惹怒黄祖被杀。

现代生活中也是同样，作为一个领导者，绝不能暴露自己的把柄，简单点说，就是“不能让人抓住小辫子”。体面是必须的，当然，体面也是一个领导者格局的基础，更是格局的门面。

可见，如果想让团队焕发活力，或者试图搭建一个团队，找一些志同道合的人一起奋斗，不妨学学曹操的经验。

以下习惯必须抓稳：

第一，注意团队的氛围，一个优秀的领导者会与团队成员分享团队的目标，不能偏私，要打开格局！如果可能，还会让大家都参与项目的规划。也就是说，大家要有共同的奋斗目标，增强员工的归属感和参与感。

第二，求贤若渴的态度必须摆正，适当运用舆论，为自身营造领导者的绝佳人设。

第三，注重人才，而且管理者本身要待人真诚，赏罚分明，要让团队成员信服，而且，在制定了团队规章制度后，要能以身作则，这样才能真正打造一个有凝聚力的团队，才能体现团队核心的格局。如果形成一定的惯性后，团队的力量会推动团队成员朝着好的方向发展，而其中，又有着团队的万千变化。无论如何变化，都建立在老板的开阔格局之上，如此一来，团队在社会竞争中会更加有优势。管好了团队，创业自然也就成功了一半！

第15章 李白

为什么能名盛大唐？
除了自身的才气之外，
其实都是套路

李白

为什么能名盛大唐？除了自身的才气之外，其实都是套路

空有格局，有诸多好习惯，也怕怀才不遇。如何打出名声，也需要技巧。

这里不得不说到营销，有不少朋友可能会觉得，只要不做生意，营销和我们关系并不大。但其实，营销不仅适用于商业，也适用于人生。

所谓营销，就是向别人推销，可以推销物品，可以推销理念，也可以推销自己，有人买账就行。春秋时期，毛遂自荐的故事，说的就是毛遂成功地在平原君那里把自己推销出去，获得了一份好工作，最终升职加薪的故事。因此，培养营销思维，其实对我们的人生是大有益处的。

都说酒香不怕巷子深，但事实往往很残酷：从古至今，酒香也怕巷子深。即便是唐代第一偶像李白，在成名之前，也是煞费心机，通过巧妙的手段来炒作自己才有了诗仙的地位——这正是诗仙留给后人的启示：空有格局、才华，也怕无人知晓，得靠点手段将其“打出去”！

李白的自我营销史

诗仙李白正是营销的一把好手。

青少年时期的李白，在同龄人都立志考取功名时，专注于修道、习剑、看

书、养鸟。当然，在这些兴趣爱好以外，他也熟读儒家经典，会写诗写文。25岁那年，李白想了想，在家乡待着怪没意思的，不如游山玩水，顺便出道吧。当然，要是一般人，可能会有所顾虑，但是李白毕竟是李白。出道毕竟要有粉丝基础，少年李白虽说离家并不是很远，但他5岁能背诵经典、15岁作诗作赋被人称赞，又不时表现下少侠舞剑，那时的他在当地也是小有名气的。这些是他出道前打下的基础。

那李白是怎么营销自己，让自己成功出道的呢？

（一）KOL 理论

李白他擅长寻找KOL（Key Opinion Leader），也就是关键意见领袖。

根据传播学理论，关键意见领袖所传达的观念，权威公信度比较高，在特定的人群心中，会被奉若真理。

李白在游山玩水的路上，边走边写，寄情山水，有感而发。他的第一站，是带着自己的作品，找到当时的名作家苏颋，苏颋不看则已，一看，哎呀，这诗文写的，那是“天才英丽，下笔不休”，真不错！李白的诗名因此小小地火了一把。

此外，李白曾专注于修道，他在经巴渝，出三峡，抵达江陵后，就慕名拜访了当时著名的道士司马承祯。司马承祯不仅仙风道骨，而且文采也是相当飘逸。李白作为晚辈，不卑不亢地递上自己的诗文，并且和司马承祯谈仙论道，司马承祯惊讶于眼前这个小道友的才华和道行，称赞其“有仙风道骨，可与神游八极之表”，有“仙根”。二人从此成了忘年交。李白还写了一首《大鹏遇稀有鸟赋》，来抒发自己的志向，记录自己他乡遇知己的感动。

司马承祯还把李白这个小老弟拉进自己“仙宗十友”群，在这个群里，李白认识了当时著名的诗人贺知章，贺知章给李白起了一个别称——“谪仙人”。从此，大唐的文坛上，都知道一个叫李白的年轻诗人了。

（二）朋友圈效应

李白还擅长运用朋友圈效应。

我们来盘点李白的诗作标题，像《大鹏遇稀有鸟赋》，说的是自己这个大鹏遇到了稀有鸟司马承祯，这样的名字还算委婉的。再比如说，《与韩荆州书》《送孟浩然之广陵》《赠汪伦》《闻王昌龄左迁龙标遥有此寄》《沙丘城下寄杜甫》等等，我们光听名字就知道是写给谁的，而李白一发朋友圈，双方的粉丝都点赞，这样，李白就更火了。这叫大V互推。

而且，李白比较厉害的是，他把那些收到他诗文的大V，都变成了自己的小迷弟。李白最铁杆的大V粉丝，要数杜甫了。

（三）事件营销

李白还制造了轰动一时的营销事件。

李白到了长安以后，唐玄宗听说他的诗名，召他入宫。看到李白的文案写得好，唐玄宗让李白写几首诗，夸夸自己的爱妃杨玉环。为了让李白有灵感写诗，除了美酒加音乐，还有高力士脱靴，杨贵妃研墨的待遇。这待遇，一般诗人是绝对享受不了的。

当然，李白也不负众望，连写了好几首，写得那是清新脱俗，夸得杨玉环心花怒放。

至今，我们仍然可以通过李白的诗歌，来窥见杨玉环的美貌，“云想衣裳花想容，春风拂槛露华浓。若非群玉山头见，会向瑶台月下逢。”唐玄宗一看，这诗写得不错，给你个官儿当吧，就当朕的“御用文人”吧。可是志在鸿鹄、想要建功立业的李白，哪里能忍受得了像金丝雀一样的宫廷生活呢，写诗只是自己的副业，皇上却当了真，那就离开吧。

于是李白就离开了长安。这一事件，并不是李白有心营造的，但是，的的确确让李白在民间的声望更高了。

其实，陈子昂摔琴事件同李白的事件营销有着异曲同工之妙。说到那句“前不见古人，后不见来者”，很多人脑海中自然就想起这首诗的创作者陈子昂。

可以说，这首《登幽州台歌》是陈子昂自我炒作的成名作，陈子昂一心向往科举，但是很不幸，接连两次考试都名落孙山。陈子昂很不服气，觉得自己才华无限，不想这么一辈子做个无名小卒。二次落榜后，陈子昂很是沮丧，饭后他就去长安城遛弯，偶然间看到一群人在围观，这激起了陈子昂的好奇心。跑过去一看，原来是有个西域来的胡人在卖胡琴，据那个胡人夸口，整个长安城仅此一把，价格更是有百万之数。

围观者七嘴八舌，说你这个胡人怕是穷疯了吧，一把琴而已，哪里值这么多钱。当然，陈子昂也看出来了，那群围观的都是些老百姓，是掏不出这么多钱的，顶多是看个热闹。陈子昂顿生一计，大喊一声：“这琴我要了！”围观者傻眼了，没想到天子脚下还真有这样傻乎乎的人，围观的人越来越多了，陈子昂趁机对他们说：“明天我就在此地演奏这把价值百万的胡琴，想听我演奏的需要趁早来。”说完，拿着琴就趾高气扬地离开了。

第二天，陈子昂在万人瞩目中登台亮相，但是他并没有演奏那把胡琴，而是一把鼻涕一把泪地哭诉道：“我苦读诗书，写的文章有百轴纸那么长，却依旧不为人所知，反而是要借助一把价值百万的胡琴才能崭露头角，这是什么世道？”说着，陈子昂就摔烂了那把胡琴，拿出准备好的文章分发给大家。其中第一首就是《登幽州台歌》，所有围观者都被陈子昂的诗才所震撼。不出几日，大半个长安城的人都知道了陈子昂的大名。

过后有人议论，说是陈子昂肯定找了个胡人作“托儿”，借助一把百万胡琴狠狠炒作了自己一把。

无论如何，陈子昂的炒作是很成功的。他有一个聪明的脑袋，科举考试不成，他就想到了以这种方式出名。诚如张爱玲说的“出名要趁早”，趁着年轻有股子拼劲，借助某件事情来炒作自己，人出了名，与之相关的一切都开始变得珍贵起来。正如陈子昂的文章，在他出名之前，文章写了百轴，无人问津，从他成名那天起，陈子昂就成了初唐杰出诗人的一个重要代表。

（四）懂得借势

李白和杜甫都是唐代著名的诗人，一个是诗仙，一个是诗圣。杜甫非常崇拜李白，据统计，杜甫至少写了十五首诗给李白，《冬日有怀李白》《春日忆李白》《天末怀李白》《梦李白二首》等，这些都是他想念李白时写的诗歌，他还称赞李白“笔落惊风雨，诗成泣鬼神”，由此可见李白当时受欢迎的程度。要知道李白成名之前，杜甫就已经创作了无数的名篇了，正因为如此，二人频繁互动，彼此也相互成就。这就是借势的自我营销。

在李白的《赠汪伦》中，里面的主人公汪伦也是借势营销的行家。

抛开诗的本身，就汪伦这个人进行分析，我们不难发现，他很懂得借势。唐代崇尚大诗人，盛唐时期诗人的顶流无疑非李白莫属，毕竟这个人曾让贵妃研墨、力士脱靴，受到玄宗的盛赞，随便写首诗就能够上热搜。所以，李白在成名后，朋友突然间多了起来，其中就包括了汪伦。其实汪伦并不是普通老百姓，他是开元年间的一个县令，卸任之后在桃花潭周边建了一个私人别墅。汪伦这人非常豪迈，更是李白的铁杆粉丝，当他得知李白路过此地的时候，就专门给李白写了个邀请函，跟李白说桃花潭多么漂亮，十里桃花多么迷人，这儿的别墅清幽雅致，小菜更是美味可口。李白也是个喜欢游山玩水的，如此礼遇焉能拒绝？于是来到了汪伦的住所。李白在这里逗留了数日，汪伦全程陪吃陪喝陪玩，把李白招待得很开心，等李白要辞别的时候，汪伦又送给李白马匹和官锦，亲自踏歌相送，李白这小心脏受不了了，画面实在是感人，于是头脑一热，就写下了《赠汪伦》一诗。

汪伦的目的达到了，借着李白的诗歌热度，汪伦活跃了上千年，甚至在当下被编入到了小学生教材中，他们两人的友谊也被广为传颂，这和汪伦当年的付出相比绝对是物超所值。

自我营销的核心启示

（一）吸睛是关键

自我营销想要获得成功，吸睛很关键。

李白的很多诗歌中，除了名山大川就是唐代的雅士名流，如杜甫、孟浩然、王昌龄等，光看诗歌的标题就很吸睛，这也是李白营销成功的关键因素。

毛遂自荐的故事大家都耳熟能详，但是毛遂这个人算不得炒作高手。中国历史上有一个人比毛遂更懂得自我炒作的诀窍，堪称第一位自我营销的大神。这个人就是姜尚姜子牙，他辅助周文王的时候已经是个年逾古稀的老人了。在年轻的时候，他做过屠户，也开过酒店，但是姜尚有着雄心壮志，因此闲暇之余会学习各种知识，包括天文历法、军事谋略以及安邦定国之法，希望有朝一日能够辅佐明君，施展抱负。

谁料到，这一等就是数十年。商纣昏庸无道，姜太公嗤之以鼻。他在渭水之滨垂钓，钓鱼的方式很独特，鱼钩上竟然连鱼饵都没有。路过的人从来没有见过这种钓鱼的方式，问他不放鱼饵如何能够钓到鱼。姜太公回道："愿者上钩。"

就这样，渭水河畔垂钓的怪老头成了百姓纷纷谈论的对象，后来姬昌伐纣急需能人异士，打听到了姜太公才能出众，于是亲去渭水河畔拜见。通过与姜太公交流，姬昌大喜过望，当即拜他为太师，辅佐周军伐商，从而打下了西周八百年的江山。

倘或姜太公径直前往姬昌那里毛遂自荐，想必连大门都未必能够进去。众人一看是个须发斑白的老者，定然不肯放行。于是姜太公就另辟蹊径，采用一种吸睛的方式来炒作自己，成功引起了姬昌的注意，真可谓是自我营销界的祖师爷。

（二）舆论是核心

在名人的自我营销过程中，核心就是制造舆论。李白在进入皇宫之前，就为唐玄宗制造了好大一波舆论，有人夸他妙笔生花，有人称他为谪仙人，各种高帽子都在李白的头上。这一波的舆论自然也就传到了皇宫之中，也使得李白有机会觐见皇帝与贵妃。在离开皇宫之后，李白的身价就不言而喻了，这就是舆论在营销炒作中的重要作用。

舆论越大，营销的效果就越突出。

诸葛亮有经天纬地之才，他出生于官宦世家，后来隐居隆中，年轻的时候喜欢读《梁甫吟》，又将自己比作管仲、乐毅，然而每天依旧躬耕于陇亩之中，与山野村民为伴，所交友者也仅有徐庶、司马徽等人而已。

管仲、乐毅都是有大才能的，他们辅佐明君开创了万世基业。诸葛亮有雄心壮志，自然不甘心一辈子与土地打交道。于是，他通过制造舆论的方式来营销自己。在《三国演义》中，水镜先生司马徽曾说过，得卧龙凤雏者就能够得天下。这里的卧龙自然就是诸葛亮了，后来才引出了刘备三顾茅庐的事情。在刘备见到诸葛亮之前，就曾听到村民吟唱诸葛亮所作的歌谣：“苍天如圆盖，陆地似棋局；世人黑白分，往来争荣辱。荣者自安安，辱者定碌碌。卧龙有隐居，高眠卧不足！”歌曲表面上写的是隐居田野之乐，实际上蕴藏着卧龙先生胸怀大志的思想。这使得刘备忍不住感叹，卧龙先生是有大才之人。后来又在诸葛亮友人崔州平、石广元等人的叙述中再次了解到诸葛亮的才能无人可及，最后诸葛亮假寐来试探刘备求贤之心，通过隆中对，剖析了天下三分的局面，令刘备再次赞叹诸葛亮的韬略。

诸葛亮是懂营销的，他善于借助舆论风口来为自己造势，从水镜先生的卧龙凤雏言论，到村民的歌谣传唱，再到崔州平等人的描述，一环扣一环，从而塑造出诸葛亮乃经世之才的舆论形象，也诱使求贤若渴的刘备三顾茅庐。诸葛亮成功地从一个乡野村夫摇身变为刘皇叔的智囊军师，最终官拜蜀汉丞相，为蜀汉政权作出了杰出的贡献。

（三）真才实学是前提

自我营销的花样有很多种，拥有真才实学才是基本的前提。试想一下，如果费尽心机自我炒作成功了，但是在关键的时候却没有才学，反而会令那场声势浩大的炒作沦为他人的笑料。

李白的营销，完全是基于对自身才华的自信。诗人余光中这样说："酒入豪肠，七分酿成了月光，还有三分啸成剑，秀口一吐，就是半个盛唐。"试问当时，有几个能和李白比肩而立的诗人？如果李白本身没有过硬的本领，才华不够，那他就是再懂营销，也没有用。酒香了，宣传好了，就可以让大家都知道你的存在了。但是，如果李白不懂营销，不宣传自己，不选择走出来，李白的诗名，也许就不会那么盛。才华横溢如李白，也需要营销思维，何况你我呢？当你具有一定的本领后，再合理地运用一些营销手段，你将会在激烈的竞争中，优先突破重围。

唐代作家薛用弱在《集异记》中讲了这样一个故事：诗佛王维在不到20岁的时候，就已经崭露出了头角。他不仅诗写得好，而且精通音律，弹得一手好琵琶，因此王维深受岐王的重视。进士张九皋也很有名气，有人将张九皋举荐给了公主，希望公主能够保荐张九皋为当年考试的状元。王维跃跃欲试参加科举考试，但是听说了张九皋的事情后有些郁闷，感觉非常不公平。于是王维将此事告知岐王，希望岐王能够帮助他。岐王说只能够安排王维与公主相见。王维很是感动，忙拿出来自己写的诗文，但是岐王说要王维将写得最好的一首谱成琵琶曲，弹奏给公主听。没多久，岐王带着扮成乐师的王维拜见公主，这公主虽然年轻，但是也酷爱音乐，高兴地坐下来欣赏。王维的琵琶技艺高超，且填词新颖，公主忍不住问这是什么曲子。王维回答："这是《郁轮袍》。"公主表示没有听过这个曲子，岐王趁热打铁夸赞王维不仅琵琶弹得好，而且诗文也好，王维随即献上自己写的诗，公主一看，猛然发现这些竟然是自己的儿子和张九皋爱读的诗。公主爱惜人才，急忙让王维坐下来，通过一番交谈更是肯定了王维的才学。岐王说，若是京兆考试，由王维当状元，可算得上是国家的荣光了。公主笑道，王维的才华确实要胜过张九皋，一定会保荐他。果然，当年考试，王维一举夺魁。

王维的成功取决于自身的才华，保荐只是他自我营销的一个重要渠道。若是王维没有真才实学，即便有公主保荐，必然也不能够服众，因此，打铁还需自身硬。有了真功夫，走到哪里都是耀眼的明珠，而炒作不过是帮助明珠找到那双赏识它的慧眼罢了。

如果说古人营销有段位，那么李白无疑是王者级别的，他年纪轻轻就掌握了自我炒作的法门，能够借助朋友圈、事件以及舆论等来增加自己的曝光率，可以说是免费又持续的热搜。李白的成功炒作也得益于他本身的才华，所以炒作可以效仿，但是一定要有真才实学，掌握好自我营销的方法论，出名其实没有那么难。

其中最重要的启示正是：空有才华与格局，也一样会虚掷年华，如果想改变现状，切记不要抵触使用技巧或方法，只要行动起来，就有破局的希望！

第 16 章
乾隆

以为皇帝很清闲？
学会时间管理法，格局快速打开

乾隆

以为皇帝很清闲？学会时间管理法，格局快速打开

扫一扫
看视频

大格局不会从天而降，它来自积累——日积月累，聚沙成塔。显而易见，是个长期过程，因此老年人总是标榜“我吃过的盐比你吃过的米还多”，这是经验与格局的碾压。

不过，想要打破被经验碾压的困境，在年轻时超越同龄人，还有一招：利用时间管理。

一天只有24个小时，除了吃饭睡觉，剩余学习和工作提升的时间也只有十来个小时。但是，总有那么一些人懂得管理自己的时间，实现了个人的全面发展，比如清高宗乾隆皇帝。他爱好广泛，从琴棋书画到骑射收藏，自封为十全老人，可谓全能型皇帝。作为皇帝，通常要耗费大量的时间来处理政务，那么乾隆皇帝是如何管理时间的呢？

还要从习惯说起。

“十全老人”乾隆皇帝的时间表

说到乾隆皇帝，现今众人印象不同。有的是《还珠格格》里那个时而严肃、时而像个小孩的皇阿玛；有的是近年来清朝宫廷剧里，年轻有为、霸道又深情、

事业爱情两不误的大男主；或者是多次下江南、爱游山玩水、看起来很闲的形象。

我们且看各界人士怎么说。

（一）多才多艺的皇帝

热爱国宝字画的人，说乾隆是个盖章狂魔，在很多珍贵的字画上面不停地盖章，简直就是在搞破坏，糟蹋了多少孤本珍品。喜欢古代文学的人则说，乾隆是个诗歌爱好者，一生写了四万多首诗词，不停地写，可惜，没有一首是经典的。不止一个文艺爱好者说，乾隆是土味农家乐审美，他偏好鲜艳明亮的颜色，他在位期间，内廷收藏、制作的瓷器等文玩珍品，大多是亮红、宝蓝、明黄等颜色。旅游界人士说，乾隆是个旅游达人，据统计，他一生至少154次出巡，其中4回东北老家祭祖，6下江南，32次游历盘山……

许多人有疑问：乾隆身为皇帝，怎么可以这么闲呢？

其实，乾隆一点都不闲，反而很忙。前面说的是乾隆的兴趣爱好，但是，人不能光发展兴趣爱好，还要工作上班啊。大家别忘了，乾隆的主业可是当皇帝。

那乾隆这个皇帝当得怎么样呢？总体上说，还算不错。

乾隆是中国历史上执掌国家最高权力最久的君王，他25岁登基，86岁退位，退位后，作为太上皇，又实际掌权了3年，共把持朝政64年。在他统治期间，政治安定、经济繁荣，国库存银达到封建王朝之最，而且赋税较轻，老百姓生活还算稳定，延续了康熙以来的盛世。

（二）乾隆的时间管理法则

那么，他是怎么平衡事业与兴趣爱好的呢？他哪来那么多的时间呢？

有学者说，清朝皇帝的日常生活最累、最刻板，因为清朝皇室极为重视祖训，遗制确定后，皇帝的日常生活基本上是没有自由的。

我们来看看乾隆的日常作息：

乾隆通常四点起床，洗漱更衣用膳后，开始早读；

早读后，七点钟开始准备早朝，然后接见群臣；

早朝散后，要对大量公文进行批复，然后还得召见一些官员。这是在和平时期。如果战事吃紧，或者有突发事件，乾隆会比往常更加忙碌。

但是，乾隆还不忘学习各种文化知识，来提升自身的素养。为了让政权稳固，乾隆认真读完二十四史，总结了威胁帝国统治的几个因素：敌国侵犯、农民起义、权臣专横、宦官专权、后妃干政、外戚祸国、地方割据、朋党之争等。

身为皇帝，乾隆对自己的要求很高，尽管他爱玩，但绝对不会玩物丧志，兴趣爱好都是在业余发展的。透过乾隆的作息安排，我们可以看出，乾隆其实非常勤奋，而且在做好时间规划后，能够严格执行，进而形成惯性，周而复始。枯燥吗？也许吧，但是，从另外一种角度上来说，他的生活也是相当充实的。

在乾隆的影响下，他的儿子们也是德智体美劳全面发展，先拿五阿哥永琪来说。永琪天资聪颖，能熟练使用满汉蒙三种语言，而且精通天文历法和算数，骑马射箭等也不差。十五阿哥永琰在三九寒冬也深夜苦读，而且常常废寝忘食。据说，常年读书，让他做到了“上下三千年，治迹目了然”的程度，也就是说，非常精通历史，张口就来，而且有理有据。当然了，乾隆的其他皇子，也都各有所长。这离不开乾隆的榜样作用，毕竟老爹那么忙，还能活得多姿多彩，作为皇子，肯定不能差太多，不然，是要被训斥的。

乾隆的时间管理核心启示

每个人的一生都是有限的，如何在有限的时间里过得充实，这是我们每个人都需要思考的问题。乾隆在时间的利用上，有不少值得我们借鉴的习惯。

（一）学会挤时间

在不耽误日常工作的情况下，怎么去发展兴趣爱好？乾隆在这方面，就一个字：挤。把时间挤出来。早起不要紧，忙不要紧，每天固定的工作忙完后，剩下的就是自己的时间了，看看书，写写诗，在字画上盖盖章，多好，多开心。我们每天也要工作，有时候，不是工作限制了我们的发展，而是在工作之余，我们没有把提升自我的时间挤出来。

鲁迅先生曾经说过："时间就像海绵里的水，只要愿挤，总还是有的。"鲁迅先生是率先提出挤时间的文人，他会将别人喝咖啡的时间用于写作上。众所周知，鲁迅先生是弃医从文，从事文学创作不过是半路出家，因此更需要加倍努力，即便到了深夜，鲁迅先生也依旧在秉灯创作，从而成为中国近现代文坛中的巨匠。

现代人的生活节奏加快，为数不多的休闲时间也沉迷于手机和网游之中，从而浪费了大好年华。当回过头来的时候，反而会埋怨自己没有时间学习和提升，这话也就欺骗一下自己罢了，时间对于所有的人都是平等的，每个人的每一天都只有24个小时，不会因为社会地位高低而有所差别。所以，那些懂得利用好时间的人往往能够成就多彩的人生。

除了乾隆皇帝，在我国有很多会挤时间的名人。画家齐白石老先生就是一个很善于挤时间的人。当不作画的时候，齐白石老先生就会仔细观察各种事物，对比不同写意对象之间的细微差别，这是老先生数十年来养成的良好习惯，越到迟暮之年，老先生创作欲望越是旺盛，据说在他85岁的时候，一上午就创作了四幅条幅，上面还题了数行小字：昨日大风，心绪不安，不曾作画，今朝特此补充之，不教一日闲过也。

大数学家陈景润也是挤时间的高手，他会为自己拟定一张工作时间表，将一天24小时明明白白安排好，精确到每分每秒。这就十分可怕了，陈景润在路上行走的时候也不会像他人那样闲庭信步欣赏风景，而是随手拿出所做的笔记读读背背。陈景润之所以能够精通英、俄、德、法四门外语，都归功于他对时间的高效利用。正是凭借着出色的时间管理才能，陈景润才终于破解了哥德巴赫猜想，摘取了数学王冠上的明珠。

苏联的柳比歇夫堪称时间管理界的大神。柳比歇夫1890年出生，在很多朋友眼中，他简直就是个怪人。柳比歇夫不慕名利，也不修边幅，总是喜欢挑战权威，对当时学术界的一些主流观点总是质疑，但就是这么一个人，最终却成了伟大的哲学家、昆虫学家和数学家。

要知道，大部分人终其一生，都配不上一个“家”字，所谓“家”就是在某个领域有专长和突出贡献的人。而柳比歇夫一个人就荣膺三大“家”，实在是令人称赞。柳比歇夫一生著述丰富，仅学术论著就有70多部，涉猎范围极广，涵盖了科学史、农学、遗传学、植物保护以及昆虫学等领域。而且，柳比歇夫精通四门语言，还擅长游泳，影评写得也不错，如此博才多学，他究竟是怎么做到的？其实，他的成功来源于对时间的量化管理。柳比歇夫非常喜欢统计自己的工作时长，1937年他工作了1840个小时，1938年工作了1402个小时，7年合计超过了一万个小时。这简直就是人间的“异类”，诚如格拉德威尔在《异类》中所言，人们眼中的天才都是付出了持续不断地努力的，经过1万个小时的锤炼，普通人也能够变成世界级的大师，这就是著名的一万小时定律。可见柳比歇夫深谙此理。他56年的人生中，有8万个小时都在科学和工作中，这个数字实在是触目惊心。

柳比歇夫的成功使他成了时间管理的鼻祖。他的故事告诉我们，学会利用好时间，任何人都能够取得令人瞩目的成就。时间就像是散落在各处的珍珠，只要能够把它们串起来，就会变成漂亮的项链，当然，你可以选择将它丢弃，那么你的人生也将像夜里的珍珠一样黯淡无光。

大佬们之所以能够成功，并不是他们的智商有多高，而是他们都明白一个浅显的道理：时间宝贵，分秒必争。

利用时间，积累素材，才能为自身的眼界与实力提供足够的积淀，从而拓展格局。

通过总结能够发现，那些凡是在各行各业有所成就的人，无不是时间管理大师，他们从来不会轻易浪费自己宝贵的时间，更不会进行无谓的社交，反观，大多数人抱着及时行乐的心态得过且过，从而白白浪费了青春，待到大梦初醒的时候方追悔莫及，可是时间就是那样一去不返，只有把握好当下，才能够创造更美好的明天。

（二）高效专注

乾隆每天的每个时段都有不同的事情要做，那就做得高效一点。该早朝就认真上早朝，该早读就认真早读，该批奏折就认真批奏折，该吃就吃好，该玩就玩好。一个时段只做一件事，这样可以让我们的精力更为专注。

人生其实有很多种可能，每一种可能都会收获满满，所以，要多多尝试，不要给自己设限。

村上春树在成为作家前，从事着与创作毫不相干的工作。但是热爱写作的他毅然决然地辞去了工作，专注于文学创作。那个时候，包括家人在内的很多人都不看好他，觉得这个人肯定是异想天开。然而对于村上春树来说，只要拿起笔，他的人生就充满了意义，在笔触交织中，他拥有一个属于自己的广袤的世界，他可以虚构很多人物和故事，随心所欲，畅所欲言。当村上春树的《寻羊冒险记》《挪威的森林》相继问世的时候，日本文坛掀起了“村上春树现象”，他大获成功，后来获奖无数，更是数次被提名诺贝尔文学奖。如今，提到日本作家，映入人们脑海中的无疑是村上春树。

当下，很多人都觉得自己的人生不够充实。有的人从早忙到晚，除了身体上的疲倦之外，似乎一无所获，更是容易产生对生活丧失兴趣，感受不到快乐。与其这样，不如专注地做自己喜欢的事，就像乾隆皇帝那样，选择一样自己感兴趣的事情去做，认真地完成，在一种快乐充实的氛围中去展示才能。很多事情，只有试过才知道有没有意义，就像鞋子，只有试过方知道合不合脚。每个人都有无数种可能，敢于尝试，是将可能变为现实的第一步。

（三）劳逸结合

乾隆在位那么多年，不仅没累坏，还似乎越工作越开心，其中关键的启示，就是劳逸结合。

偶尔给自己放个假，出去散散心，旅旅游，可以让我们不至于因为工作而太疲惫。劳逸结合时，人生才是有趣的，人在工作时才能元气满满。

正如乔布斯所言："劳逸结合是发展的原动力，是生产的源泉。"

一个人如果过于拼命，必然有损于身心健康，就像《三国演义》中的诸葛亮。刘关张及五虎将一个个离世，刘备的继承人刘禅又是一个无能庸辈，蜀汉人才凋零，只剩下诸葛亮一个人苦苦支撑着，但是他心系刘备的托孤与匡扶汉室的担子，因此数次北伐中原，鞠躬尽瘁，死而后已，最终在五丈原病逝。换句话说，诸葛亮实际上就是过劳死。在当下社会，部分企业倡导"996"，导致员工过度疲劳致死的案例时有发生，特别是IT行业中，本身的工作强度大，加之缺乏必要的休息，人的身体自然难以承受，从而引发严重的后果。

相反，一个人若是生活得过于安逸，同样是不可取的。正如刘禅，虽然身居君主的高位，但是他丝毫没有危机意识，更不懂得为君之道，难当大任。因此蜀汉灭亡是必然的，用现代的话说，一个人若是过得太安逸，很容易变成"废柴"，没有任何价值和能力，只是苟延残喘罢了。过于安逸，就难以激发主观能动性，不争不抢，无欲无求，变成一个会喘气的废物，渐渐一无是处。

因此，劳逸结合是遵从人的身体发展规律所得出来的。列宁曾说，懂得休息的人才懂得工作。这正是对劳逸结合的一种极简阐述，而劳逸结合的典范当属英国首相丘吉尔。

二战期间，德国大败法军，准备跨过英吉利海峡入侵英国，这就是著名的“海狮计划”。战争紧迫令丘吉尔忧心忡忡，常常处于精神紧绷的状态中，每天的睡眠时间不足五个小时。德军时不时来一波空袭，令丘吉尔压力骤增，为了舒缓情绪，丘吉尔竟然织起了毛衣，这一幕令所有的英国将士忍俊不禁：没想到铁骨铮铮的大英首相竟然会在战事吃紧的时候织毛衣。丘吉尔视若无睹，一边织着毛衣，一边听官员们汇报战况，同时还时不时发布各种指令，神情十分悠闲。

在二战结束后，丘吉尔忙于撰写《第二次世界大战回忆录》，在写作的紧张阶段，丘吉尔照旧会拿出毛线来织毛衣，他说，织毛衣令他身心愉悦，有助于思考文章的架构，丘吉尔的这本名著正是在边写作边织毛衣的过程中完成的。后来《第二次世界大战回忆录》荣获了诺贝尔文学奖，在世界范围内产生了巨大的影响，成为见证那段残酷历史的写实巨著。

劳逸结合是一门非常重要的学问，对于情绪管理也很重要，通常会发挥出积极的作用。所以，人在紧张的时候要学会放松，工作压力巨大或者创作缺乏思路，不如通过放松的方式来寻找灵感。放松的形式有多种，可以像丘吉尔那样织毛衣，也可以是通过散步、游泳或者爬山、唱歌、美食料理等形式呈现，只要能够让你身心感到愉悦，都未尝不可。放松之后，你的大脑能够得到休息，切换到另一种场景中去，说不定在后续的进程中会柳暗花明，豁然开朗。这，就是劳逸结合的好处。

所以，我们能够总结出，并不是所有的皇帝都像乾隆那样多才多艺，“十全老人”的头衔不是白得的。同样是皇帝，只有乾隆具备了十全武功，究其原因在于他善于管理自己的时间，他没有被时间所绑架，而是成了时间的主导者，他深谙时间管理的法则，懂得去挤时间，提升学习的效率和专注力，最终成了清代十二帝中的佼佼者。

人生苦短，光阴有限，趁现在，把时间科学地利用起来，相信不久，你就能够体会到和乾隆一样的快乐，也能填平自身与经验老到者之间的鸿沟，渐渐积攒见识、开阔视野，逐渐走上培养习惯、利用时间、充实自我、提升格局的高效路线。

第17章 李鸿章

青出于蓝而胜于蓝，
不仅要借光发光，
靠的是这两把刷子

李鸿章

青出于蓝而胜于蓝，不仅要借光发光，靠的是这两把刷子

扫一扫
看视频

一个人的格局并非一定由内而外，借助外力同样能够轻松改变自身格局，实现跃升，这就是“借势”。

如何掌握生活中的“势”，如何借势打势，借他人的敞亮照自身的光辉，也要有两把刷子才能游刃有余。

晚清的曾国藩、左宗棠、李鸿章以及张之洞并称为“中兴四大名臣”，这四位大臣，可以说个个都不简单，在为官处世、做人交友等方面，都有值得剖析借鉴的地方。曾国藩、左宗棠是同一时期的人，李鸿章可算是他们的子侄辈。李鸿章作为一个“晚辈”，为什么可以跻身此列呢?

晚清史上不一样的李鸿章

在历史书中，李鸿章给后人的印象就是《马关条约》《辛丑条约》等的签订者，在当时，李鸿章也因为代表清廷签订了一系列不平等条约而被冠以卖国贼的骂名。

如今，一百多年过去了，李鸿章和那些条约也随着岁月消逝了，但是今天我们所要了解的是一个客观真实的李鸿章。

在当时，清王朝腐朽不堪，面对列强难以抗衡，为求自保，只能签订丧权辱

国的条约。在这里，李鸿章不过是清廷所派遣的一个使者罢了，也非他的本意。之所以派李鸿章去，是因为李鸿章是个“社牛”，他善于在蛮横的洋人之间周旋，尽量降低国家的损失。

很多人不知道的是，李鸿章其实是曾国藩的门生，在曾国藩的门下有四个得意门生，分别是李鸿章、郭嵩焘、陈鼐和帅远燡。这四人并称为“丁未四君子”，然而只有李鸿章的发展和结局是最好的，他创建了淮军，镇压了太平天国运动，还在后期主导了洋务运动，一生功绩（从清廷角度看）数不胜数，甚至可以与曾国藩平起平坐。

一切的缘由，要从李鸿章的家世说起。

李鸿章的父亲李文安，和曾国藩是同年进士。1845 年，李鸿章进京参加会试，但是不幸名落孙山。李文安就让儿子以“年家子”的身份，拜到曾国藩门下学习。从此，李鸿章便成了曾国藩的徒弟，而且他一生，都在以曾国藩徒弟这一身份自居。

有人说，李鸿章作为曾国藩的徒弟，能平步青云，肯定离不开老师的提携。

的确，曾国藩给了李鸿章不少帮助。比如说，曾国藩曾经煞费苦心地帮李鸿章改掉爱睡懒觉、作风懒散的毛病。也在修身养性、做事等方面，对李鸿章进行悉心教导。

最重要的是，曾国藩曾多次向朝廷推荐李鸿章，给李鸿章崭露头角的机会，还让李鸿章自立淮军。由于担心淮军初建，力量薄弱，曾国藩还特地在湘军里挑选精兵亲信，送给李鸿章。这些，确实成为李鸿章成功路上有效助力。

但是，李鸿章确实有自己的几把刷子。李鸿章刚进京时，并没有多少资源，曾国藩就是他最大的资源，是他的指路明灯。在与老师相处时，李鸿章并没有选择阿谀奉承来讨取老师的欢心，相反，他还和老师发生过几次争吵。1860 年，在驻兵地点上，曾、李发生争执，李鸿章频繁提出建议、据理力争，也不能改变曾国藩的决定，师生二人差点翻脸。事后，曾国藩意识到李鸿章当时的建议是对的，此后在军政大事上，曾国藩都主动征求李鸿章的意见。

李鸿章当时坚持不顺曾国藩的意，反而达到了“以退为进”的效果，赢得了曾国藩的器重。在处理李元度的问题上，曾、李二人再次发生争执，李鸿章负气离开曾国藩的军营。

二人分离后，李鸿章想自立门户，却处处碰壁，这让他意识到，没有老师的提携，自己单打独斗很难成气候；曾国藩那边呢，在冷静后，也觉得李鸿章确实“才干出众”，是个好苗子。于是，曾国藩主动与李鸿章联系，李鸿章再入幕府，曾、李二人的关系更为密切了。李鸿章的才能让曾国藩欣赏有加、冰释前嫌，而曾国藩的着意栽培，也让李鸿章逐渐飞黄腾达。曾、李相交的这段故事告诉我们，要想结识靠谱的人脉，首先自己要有一定的能力，也就是说，自身要有闪光点。自身有了闪光点，再遇到贵人提携，成功的概率会更大。

在独掌淮军后，李鸿章很快就当上了江苏巡抚。当时，慈禧太后和恭亲王奕䜣都有意提拔李鸿章，想利用淮军来安定两淮，顺便利用抑制湘军的发展，李鸿章也明白其中的深意。当然了，虽然抑制湘军的发展有点对不起曾国藩，但是曾国藩自己也说，湘军当时已是强弩之末、发展潜力不大，而且李鸿章的淮军，某种意义上，与湘军也有一定关联，发展好淮军，也不算愧对曾国藩。

“丁未四君子”中，帅远燡在太平天国运动中被石达开围歼身死，郭、陈两人选择跟随曾国藩身后，也就注定了二人不会有太大的成就。李鸿章没有选择跟在曾国藩身后，而是自立门户，奋发图强，最终成了晚清政坛中的肱股之臣。

良好的家世与关系网是先决条件

前文说到，李鸿章的出身并不差，他家中世代耕读，尤其重视读书。李鸿章的祖父尽管并未走向仕途，但是对于子孙后代的教育很是关注，且醉心于科举。李鸿章家境尚可，有良田几十亩，算是个标准的中农，后来李鸿章的父亲李文安与曾国藩同年高中进士。李文安曾经在京城六部之中任过官职，算是妥妥的京官了，从这个角度来看，李鸿章算是书香世家的官二代。

正是由于李家良好的家世，才使得李鸿章在求学为官过程中无后顾之忧，道光二十年，年仅17岁的李鸿章考取了秀才，三年之后被选拔为优贡，由此得以进入京城的国子监。这个优贡的名额十分难得，三年才选拔一次，每个省份只有不到十个名额，看得出来，李鸿章算得上是一个"学霸"了。后来，李鸿章参加乡试，考中举人，又在24岁那年高中进士。李鸿章的父亲在37岁那年才中的进士，可谓青出于蓝，并且李鸿章比曾国藩的资质高，在考试次数中就能够看出来。

李鸿章家虽然没有人当大官，但是李文安却为儿子经营出了一个良好的仕途关系网。其中，最核心的一个人物就是曾国藩。李鸿章也正是凭借着父亲的关系才得以进入曾国藩的门下学习，可以看出，曾、李两家的关系一直不错，常有走动。再者，李文安做了六年京官，也积累了不少人脉。他为人忠厚老实，政声卓著，因此，带着儿子李鸿章结交那些京城大人物的时候就算是为李鸿章铺路了。

李鸿章每次进京，除了拜谒慈禧和同治皇帝，他还专门去拜访恭亲王奕䜣、文祥等权臣，有意结交。后来慈禧与醇亲王联手扳倒恭亲王，李鸿章受到一定牵连。合作伙伴恭亲王倒了，李鸿章却与新上台的醇亲王暗中建立了联系。而醇亲王是光绪的父亲，李鸿章交好醇亲王，无论是慈禧当权，还是光绪执政，自己都有了稳定的靠山。

此外，他还注意结识张佩纶、吴大澂等清流。李鸿章在张佩纶的父亲身死后，资助张佩纶回老家，还邀请张佩纶入自己的幕府，并把自己的女儿嫁给张佩纶。由此可见，李鸿章编织人脉关系网的能力的确不一般。李鸿章比起自己的老师曾国藩多了一分圆融，在做人处事方面，不像年轻时的曾国藩那样直率、容易得罪人，而且李鸿章很善于在人与人之间周旋，这也为他的成功打下基础。

良好的家庭出身再加上李家庞大的人际关系网，使得李鸿章的仕途人生顺风顺水。所以说，人想要成功，良好的关系网是必不可少的。正如刘邦旗下的萧何，就是一个非常善于社交的人。萧何的朋友圈非常广泛，有泗水亭长刘邦、屠夫樊哙、车夫夏侯婴，还有吹鼓手周勃，这些人里也就刘邦算得上体面，其他的人不是杀猪的，就是赶车的，属于不入流的人物。但是萧何有一双慧眼，这些人最终也成了汉朝的开创者和开国功臣，为西汉王朝的建立立下了汗马功劳。

可见，良好的基础加上丰富的人脉网，能让一个人的可作为空间大幅提升。

借道曾国藩是崭露头角的关键

内有太平天国运动，外有列强虎视眈眈，令清政府十分头疼，而朝廷中的顽固派一直秉持着“攘外必先安内”的策略，所以迫切需要一个能够平定太平天国农民起义的人。清政府给出的机遇可谓人人平等，也不是针对李鸿章一个人的，但是最终李鸿章把握住了这个机遇并脱颖而出，关键在于受到了恩师曾国藩的大力提携。

在李鸿章初次落榜后，受到父亲的嘱托，李鸿章以“年家子”的身份拜曾国藩为师入府学习，并成了曾国藩的得意门生。李鸿章在回到家乡自办团练五年后，统帅大军攻打太平军，结果一败涂地。李鸿章这才意识到镇压太平天国运动不是一件容易的事情，于是他又回到了恩师曾国藩那里寻求帮助。由于之前的兵卒都被太平军打散了，李鸿章无疑就是个光杆司令，这次失利令他觉得愧对恩师的栽培。但是曾国藩深知胜败乃兵家常事，况且这次李鸿章所面对的是不容小觑的太平军，于是就再次将李鸿章招到身边，抽空就调教李鸿章如何统兵作战，如何为官，更为他组建淮军出了不少力。

在李鸿章初创淮军的时候，曾国藩全力保荐李鸿章为江苏巡抚，更是将自己的两个亲兵营和程学启的开字营共8个营的兵士全拨给了李鸿章。当时李鸿章的淮军一共才13个营，光是曾国藩贡献出来的就占到了一半多，可见曾国藩对李鸿章的支持力度。借道曾国藩也成了李鸿章在官场得以崭露头角的关键因素。

取势当权者是步入巅峰的契机

李鸿章的成功是早有准备的，李鸿章父子苦心经营自办团练多年，加之自身是安徽人与曾国藩的悉心栽培，李鸿章后期所创建的淮军成功引起了当权者慈禧太后的关注，这也为李鸿章赢得了一个出人头地的良机。

1860 年，太平军第二次击破江南大营，然而清政府在江南地区所能够调动的兵马只剩下了曾国藩的湘军。由于太平军入侵，江南的有钱人都携带家资细软逃往了上海，但是他们也怕太平军再攻打上海，于是向曾国藩求助，这些有钱人不惜提供巨额银钱作为攻打太平军的军饷。

这令曾国藩很是心动，然而当时湘军的主力主要集中在曾国荃手中。曾国荃是曾国藩的弟弟，好大喜功，一心想要攻占太平天国的都城天京（今南京），以此夺得首功。因此他对保卫上海这件事丝毫没有兴趣，同样，曾国藩手下的名将陈士杰也拒绝带兵保卫上海。

就在曾国藩左右为难的时候，李鸿章恰到好处地出现了，他对于带兵救援上海这件事并没有二话，当即组建了一支新的队伍前往。这让曾国藩更加深切地感受到来自李鸿章的拳拳之心。当然，李鸿章之所以报名是有底气的。其一，李鸿章父子的团练旧部能够在短时间内迅速召集，并且这些旧部当中很多骨干分子与湘军有着密切的联络；其二，逃往上海的乡绅所推举的代表钱鼎铭与李鸿章私交甚厚，他们二人的父亲与曾国藩是同年的进士，可谓颇有渊源。其三，当时的左宗棠也刚刚组建了楚军，原本曾国藩想让左宗棠去江西、安徽作战的，结果又安排左宗棠去了浙江。其中很大的一个因素就是，曾国藩想要借这个机会让李鸿章为朝廷立功，肥水不流外人田的道理曾国藩也是知道的。

就这样，李鸿章承担起了组建新军救援上海的任务。

从表面上来看，上海确实已经被太平军包围起来了。在其他人看来，救援上海并不是一件好差事，万一办砸了，得不偿失。

但是李鸿章是很聪明的人，他一下子就看出了救援上海是个美差：第一，上海地理位置十分优越，并且江南的富豪乡绅都齐聚在那里，为了能够保住性命，这些有钱人愿意出巨资。这样，李鸿章在组建新军的时候就不必考虑军饷钱粮的问题了。事实也证明，李鸿章在进入上海后很快就得到了这些乡绅的支持。这让新组建的淮军也变得财大气粗起来。有了军饷，淮军得以迅速扩编并且置办了许多先进的武器装备，整体的战斗力显著提升。这让李鸿章及淮军成功引起了慈禧的注意。第二，当时的上海，外国人比较多，他们在那里设置了租界、洋行，很多产业也都在上海。换句话说，上海是那些洋人在华攫取利益的根据地。由于太平军将要入侵上海，在对待太平军这件事上，清廷与列强达成了一致的态度，那就是共同剿灭。英法美日等列强也组建了洋枪队，甚至有不少外国军官也直接加入到了李鸿章的淮军之中，这让李鸿章的淮军战斗力和国际声望同步提升。

李鸿章的这波操作让慈禧等掌权者刮目相看，也让他所组建的淮军从野路子变成了朝廷正规军。救援上海对于李鸿章来说真的是一件名利双收的事情，一方面，江南乡绅对他感恩戴德，淮军有了大量的军饷和拥趸；另一方面，李鸿章的国际影响力也极大增强，从一个名不见经传的小卒成了列强和慈禧都要支持一下的大将，这些都成为他镇压太平天国的重要资本，更是成为李鸿章在晚清政坛立足的根本。

经世致用之才是个人进阶的法门

李鸿章成功的核心在于他本人是个非常优秀的人，身具经世之才。

李鸿章的才能体现在两件大事上，一是镇压太平天国运动，二是开展了轰轰烈烈的洋务运动。太平天国运动爆发之后，清政府的常备军根本难以抵抗，咸丰皇帝迫于无奈才允许官员到地方自办团练，以此来镇压这场农民起义。这种情况在东汉末年的时候也出现过。由于黄巾起义，各地团练如雨后春笋般出现，刘备就是典型代表，三国时期的割据政权也都是在团练基础上发展壮大而来的。

李鸿章父子回到了家乡安徽亲办团练，但是要镇压太平军谈何容易。李鸿章深谙以少胜多的道理，在战火中自身的军事才能得到了锻炼，尤其是受到曾国藩的点拨之后，李鸿章成了可以统兵一方的人才。并且，在创办团练过程中，李鸿章拥有了许多支持者，这些人也成了后期淮军的主力。同治元年，常熟太平军将领骆国忠主动投降，李鸿章趁机展开了收复苏州与常州的战争，为了能够快速攻下苏州，李鸿章兵分三路，自己带领南路军攻打吴江，事实证明，李鸿章的策略是正确的，苏州、常州得以在短时间内收复。此后的战役中，李鸿章带领的淮军屡战屡胜。

曾国藩所率领的湘军迟迟攻不下天京，清政府就敦促李鸿章去攻打。但是李鸿章考虑到与曾国藩的关系，并没有前往，按兵不动，只率一路人马去了浙江，却激怒了闽浙总督左宗棠。当李鸿章得知湘军准备攻城的地道即将完工后，才在清廷的催促下率军前往天京，在这场战役中，李鸿章给足了恩师曾国藩面子，并没有抢头功。在曾国藩的建议下，皇帝封李鸿章为一等肃毅伯，李鸿章的权势达到了一个新的高度。

李鸿章除了能够带兵打仗，更是一个不可多得的经世致用之才。他是典型的洋务派代表，倡导了一场轰轰烈烈的洋务运动，江南制造总局、安庆内军械所以及福州船政局这些近代的军工业都是在李鸿章的主持下兴建的，新式武器的大量生产也改变了清军以冷兵器为主的局面，很大程度上提高了军队的战斗力。后来，李鸿章又倡导开办了一大批民营企业，以此辅助军工业的发展，如开平煤矿、汉阳铁厂以及湖北织布局等，这为中国的制造业打下了现代化的基础。

此外，李鸿章重视西学，创办了一批西式学校，培育出了大批翻译家、技术专家等，为后期西学在华夏大地的广泛传播提供了人才保障。

可以看出，李鸿章的成功是必然的：第一，他有自己的本领，吸引了贵人曾国藩对自己进行倾力扶持；第二，他善于交际，善于寻找靠山，编织自己的人脉。李鸿章的平步青云，经历借道、取势、进阶的过程。在曾国藩的提携下步入官场，这是借恩师之道；赢得慈禧、恭亲王、醇亲王等掌权者、权臣的支持，这是取靠山之势，而利用自己的人际交往能力做官、做事，成为清朝倚重的人才，这是自身的进阶。我们也许没有李鸿章的才干，也没有他结识人脉的能力，但至少，我们可以学习他借道、取势、进阶的方法，让自己在职场上脱颖而出，发出属于自己的光芒。

李鸿章的成功法则虽然不能够复制，但是我们可以借鉴其中的奥秘，几点关键习惯与思维应当掌握，其中留待后人解读的启示有以下几点：

只有真才实学才能够被领导所赏识。李鸿章的关系网再硬，如果他没有才干，照样会被曾国藩所嫌弃。就像蜀汉后主刘禅，整个蜀汉王朝几乎都是由诸葛亮、姜维、董允、蒋琬等人苦苦支撑，那些忠臣良将死后，蜀汉难免灭亡。所以，想要赢得别人的尊重，就要学好本领，有一技之长，特别是在这个竞争激烈的时代更应如此。一个人想要借势打势，利用外界或他人的力量提升自身格局，更要有足够的基础和特色，能令人刮目相看，否则，只会被当作蝇营狗苟惹人厌烦的小人。

再者，从李鸿章的成功之路上人们会发现，关注社交很重要。有人认为社交没有多大用处，实则不然，特别是在生意场中，社交是拿下大单的关键。只有经营好自己的人脉网，才能够在关键的时候派上用场。就像俗语所说的，朋友多了路好走。

最后，一定要把握住机遇，机遇缔造“势”。李鸿章的人生中每次都是因机遇而成，如在太平军兵锋之下保卫上海，别人都不愿意去，唯有李鸿章觉得是个机遇。再就是协助湘军攻打天京，李鸿章也是权衡了清廷与曾国藩的关系，最终给了师父的颜面，也没有得罪朝廷，还得了爵位。

当机遇摆在面前的时候，不能犹豫，及时把握，加之审时度势，借势打势，必然会有所收获，这正是李鸿章给予后人的启示。

知行合一篇

第18章

朱熹

读书学习有何难？

6招独门习惯，打造学霸格局

朱熹

读书学习有何难？6招独门习惯，打造学霸格局

在如今知识爆炸的年代，读书，保持学习力，不仅是学生时代的优良习惯，也是一辈子的事情。读书，能拓宽一个人的眼界与格局，让人汲取前人的诸多启示，是打开格局的不二法门。

女作家冰心曾经说过，我读书奉行九个字：就是“读书好，好读书，读好书”。据说，每天全世界都有超过4000本的书在出版，这个时代有太多的书籍，没有一个人能全部读完。因此，在书山学海里，掌握一定的读书技巧，养成正确的读书习惯，是我们提升学习力必经的途径。

宋代的大学者朱熹就是一个比较会读书的人，他不仅自己会读书，还教弟子怎么去读书，还形成了系统的理论，这理论一直影响着后代的读书人，被晚清重臣曾国藩写进了家书，来教育自己的子孙后代。这就是“朱子读书法”。

“朱子读书法”共六条，包括循序渐进、熟读精思、虚心涵泳、切己体察、着紧用力、居敬持志。运用好这六种方法，将其中启示融会贯通，不仅可以帮助我们在读书时有所精进，更能化用在生活中、事业上，帮助个人打造“学霸格局”！

第一，“循序渐进”。

是指读书时要按一定的次序，不要颠倒，而且要量力而行，不要太着急。就好比，我们都是先学会走路，再去学跑步一样。读书应当先观其大体，先通懂粗懂，然后再细读精读，深入了解书中的奥妙。

朱熹说："学者观书，病在只要向前，不肯退步，看愈抽前愈看得不分晓，不若退步，却看得审。"就是说，读书要扎扎实实，由浅入深，循序渐进，有时还要频频回顾，以暂时的退步求得扎实的学问。

以读"四书"为例，朱熹规定"先读《大学》，以定其规模；次读《论语》，以立其根本；次读《孟子》，以观其发越；次读《中庸》，以求古人之微妙处。《大学》一篇，有等级次第，总作一处易晓，宜先看；《论语》却实，但言语散见，初看亦难；《孟子》有感激兴发人心处；《中庸》亦难读，看三书后，方宜读之。"《大学》的规模是三纲八目，《论语》的根本是"吾道一以贯之"，《孟子》的发越是"存心""养心"，"尽心，知性，知天"，《中庸》的微妙是"诚"。朱熹"四书"学就是以传统儒学文化的这四条精神血脉构成的一个庞大的理学体系。

这个道理，不仅仅体现在读书上，生活诸般事项，都是同理。

先秦时期，纪昌去拜箭法高手飞卫为师学习射箭，飞卫让他练好眼睛的基本功。他回家看妻子织布，于是圆睁眼睛，一点也不眨。飞卫让他练把小东西看成大东西，纪昌把头发上的小虱子看成车轮，飞卫这才教他射箭，从此成为百发百中的神射手。

爱因斯坦在研究广义相对论时，连续研究了几年却进展不大，成果甚微。仔细查找原因，方才发现自己在大学读书时，忽视了对数学的学习和钻研，因此这门基础知识的底子较差。为了研究成功广义相对论，他只得搁置起眼下的研究工作，重返学校再次补习了三年的数学课程。

我国著名的数学家华罗庚也有类似的教训。他在自学高中课程时，时常犯急躁病，一个劲地加速，结果所学的知识成了"夹生饭"，学习效果并不好。后来，他宁肯比在学校里学得慢些，练习做得多些，用五六年时间才学完了高中课程。看起来高中课程学得慢了一些，但因为学得扎实，所以给后来学习大学课程带来了方便。于是到清华大学没多久，他就听起了研究生的课。

读书也要遵循从入门到深入的次序，先读基础的，再读进阶的。当我们拿到一本书后，可以先看一看前言、目录、这本书多少页、大致写的是什么内容，然后再根据自己读书的习惯，做出规划，每天读多少页，多少天读完。在读重要书籍、涉及基础理论时，一定不要贪多，一章读懂了再读下一章，读不懂的，可以查典籍，查资料，请教别人等，确保基础要打好。基础打不好，看得再多也像在建空中楼阁，相当于浪费时间。

第二，“熟读精思”。

是针对比较基础的、重要的书籍来说的。当我们在阅读经典书籍时，可以多读几遍。古人说：半部《论语》治天下。读书不在多，而在精。以前古代人读书，传统的说法是“书读百遍，其义自见”，但是朱熹觉得，如果不进行思考的话，书读再多遍，也只是机械地重复。

“学而不思则罔，思而不学则殆。”《论语》中也提出过思考的重要性。

爱因斯坦曾经带过两个学生，其中有一个学生天天看书。爱因斯坦早晨来的时候，发现这个学生在看书；晚上来的时候，发现他又在看书。爱因斯坦就问他：“你早晨看书吗？”学生回答：“是的，先生，我早晨在看书。”爱因斯坦接着问：“那么你中午也在看书吗？”回答：“中午也在看书。”爱因斯坦问：“那你晚上也在看书啊？”这个学生心想老师是不是要夸奖我了，就赶紧说：“我晚上也在看书。”但是没想到，爱因斯坦竟然这样问他：“那你什么时候思考？”

不思考，就难以体会书中的精要之处，就没有空暇发现自身知识的局限性，这样很难从书中得到营养，最终只能事倍功半。读书有两个层次，第一层是认识和了解；第二层是思考和内化。我们很多人读书，只做到了第一层，或者介于第一层和第二层之间。若想将所学的知识消化吸收，变为己有，并且能够充分应用发挥，就必须经过思考的过程。

不过，很多时候不是我们不会思考，而是懒于思考。因为思考对于我们很多人来说，并不能像呼吸一样自然，而是需要“刻意”才能运行。

读完一本书之后，要“刻意”地给自己提一些问题，进行思考。比如，根据书中的内容，刻意地去联想已知的相关知识，建立某种联系。想一想，如果你是书中的主人公，你会怎么面对和处理他遇到的问题？作者给出的方法可行吗？还有其他方法吗？

我们还有什么思考的方式呢？那就是对读书笔记的归纳整理。

整理读书笔记的过程，是把所读的书和收获进行梳理的过程，也是自己思考的过程。所以，在阅读中，随时记录我们的感受、收获，我们的问题，以及书中的闪光点。书中的某些观点或方法给了我什么提示、灵感，补充了我知识树中的哪些主题，解决了我期望的什么问题，又碰到了哪些问题，等等。这些东西都是可以在阅读中进行批注，阅读后进行整理的。

现实中，我们常常遇到这样的情况：读完一本书，很多时候我们不可能立马就运用到书中的知识，可等需要用到的时候，相关知识已经变得模糊了。事实上，我们不是记不住，而是没有对读过的书进行“理解、思考、整理”。对一个知识真的理解和思考之后，我们完全可以用最简单的话来描述，说出自己的思考和理解。

因此，在读书时，要熟读，也要认真思考。对于精思的方法，朱熹也作了明确的阐释，提出了“无疑—有疑—解疑”的过程。也就是说，读书时一开始心中没有疑问，然后要发现问题，再去解答自己的问题，在这个过程中，对所读的内容，就会有比较深刻的理解了。真正把书读通了，自然会受益无穷。

第三，虚心涵泳。

我们拆开来说，“虚心”有两个含义，一来是说读书时要静心，不要心浮气躁；二来是说读书时要先排除自己的想法，切忌先入为主，要看看作者的想法是否符合逻辑，再去做出评判，千万不要带着自己的观点去读书，把自己的看法强加到书里，穿凿附会，断章取义，要虚心看待书中的道理，取其精华为自己所用。

能够冷静客观地看待万事万物，正是一种持身以正的稳定格局。

曾国藩在谈到读书的问题时讲到“吾人为学最要虚心”，这段话听起来耳熟能详，但能做到者却是凤毛麟角。现在的读书人多受考试和功利想法的拖累，很少会有“为己之学”的想法。所以，在读书与学习的问题上较少进行独立思考和深入探究。

为学要虚心，其实是一个态度问题。虚心者一定会对所读之书心怀敬畏和谨慎的态度，这样就能够学到一些本质，并能够防止出现偏见和傲慢之气。不虚心者会带着一种偏见来阅读，自以为是的情绪也会不断地涌现，即使所读之书有价值，也很难被发现，更难以被接受和吸收。

“虚心”就是将自己看成是虔诚的学习者，以所读之书为老师，祛除一切先入为主的偏见，努力深入了解所读之书的真义。

再说“涵泳”，就是含蓄隽永的意思，对于书中比较经典的片段，可以反复咀嚼回味，仔细推敲。

曾国藩在教育儿子的时候说道：“涵泳二字最不易识，余尝以臆测之。曰：涵者，如春雨之润花，如清渠之溉稻。雨之润花，过小则难透，过大则离披，适中则涵濡而滋液；清渠之溉稻，过小则枯槁，过多则伤涝，适中则涵养而浡兴。泳者，如鱼之游水，如人之濯足，程子谓鱼跃于渊，活泼泼地；庄子言濠梁观鱼，安知非乐？此鱼之快也。左太冲有“濯足万里流”之句，苏子瞻有夜卧濯足诗，有浴罢诗，亦人性乐水者之一快也。善读书者，须视书如水，而视此心如花如稻如鱼如濯足，则涵泳可得之于意言之表。”涵泳就像是润物细无声，书就像是水，慢慢读，读得多了，书就会持续不断地滋润着自己的灵魂。

善读书者，视书如水，也许这就是读书的高境界。没有功利心，而是让“书之水”在心田上缓缓流淌，让自己的内心不干涸，让自己的灵魂保持充盈，保持着对生活、对人生的热爱。

同理，对待人生中的许多爱好与追求，也是如此，往往越是心如止水，越是不执念、不苛求，越能摆正态度，日日精进。

第四，切己体察。

意思是说，读书不能仅仅停留在书本上、理论上，要付诸实践。毕竟，实践是检验真理的唯一标准，这也是一种“知行合一”。

朱熹说：“读书不可只专就纸上求义理，须反来就自家身上推究。”对于书中所说的道理，要联系自身，联系实际，看看是否正确。有合适的机会，就运用书中的理论，去演示、操作一番，看看自己还有哪些不懂的地方。对于书中的劝诫、书中的智慧，则要在日常生活中尽量做到。道理懂了，也要身体力行。

所谓“学而时习之，不亦乐乎?”就是这个意思。

曾国藩在咸丰八年十月家书中，谈及自己在读书过程中，由读书切己所带来的收获，如在出京领兵打仗之后，更加充分理解《离娄》外章“上无道揆，下无法守”的深义。他说：“尔现在读《离娄》，即如《离娄》外章‘上无道揆，下无法守’。吾往年读之，亦无甚警惕。近岁在外办事，乃知上之人必揆诸道，下之人几乎守法。若人人以道揆自许，从心而不从法，则下凌上矣。”曾国藩希望通过亲身经验告诫后辈，读书只有与自身经历相结合，养出心得体会，才更有益于把握书本中的智慧。

当然，读书切己，除更能体会书中意味之外，更多的是鼓励要有自己独立的思考，对书本知识不盲从，能够根据自己的经历大胆质疑，不让自己的头脑成为别人思想的跑马场，避免“尽信书”的尴尬境地。

第五，着紧用力。

意思是说，首先，读书要有紧迫感，要抓紧时间读书。毕竟人生在世，时间有限，而经典书籍有那么多，要有治病救人一般的紧迫感。这与我们前文所说的时间管理法则是相互贯通的。其次，读书要精神抖擞，不要一看书就昏昏欲睡，一看手机、一玩游戏就精神百倍。

读书，亦是说人生。须得着紧用力，为了“必晓彻此书”。

老一辈读书，拿起书本，句读推敲无不下功夫。读，唯专心能晓彻此书。饥忘食，渴忘饮，痛切肯恻。行住坐卧，念念在兹，外面有什么事我也不管。

如今的人少有耐性。很多人一坐下，拿起书东翻西翻，读个大概就差不多了。若是率性而为，不求甚解，只求开卷有益也未尝不可。只不过，不熟悉书中原委，没有探求真理的实行，读书难免只会浮在表面。

着紧用力，即下苦功夫之意。正如读书，要读得精进，首先就得下苦功夫，何为苦功夫？如同攻城拔寨，须得拿出万死一生的计策，攻破了关隘险阻才行。只有个想读的念头，处处散漫，做不到求实刻苦，虚度了日子，大多便读不好。

炒出一盘好菜，也得下苦功夫。炒菜的苦功下在火候，同一道菜，大火小火，猛火文火，味道相差万里。火候功夫练到了，炒菜便水到渠成。

炒菜或煲汤，滋味若常变动，往往便在于火候上没下苦功夫。若凡事讲个“暂且”，不去精钻，炒菜感觉火候差不多，结果，菜品失了本味，时好时坏。

人生，也是读书，读书要着紧用力，人生也是。花式“上位”的人不少，跌落“神坛”的人更是不少。人生若不锚定方向，着紧用力，何来成功？

第六，居敬持志。

这一点，是朱子读书法的核心与灵魂。也就是，我们读书的目的是什么？读书的最终目的，是提高一个人的综合素养，是为了修身养性，陶冶情操，让自己拥有一定的格局。

《论语》中说，文质彬彬，然后君子。读书，是一个人最简单便捷的修养方法。“居敬”就是要端正态度。读书要端正自己的态度，要持身恭敬，就是对一切存有保持一份诚敬。敬天、敬地、敬人、敬事，做什么就敬什么。朱熹说：“及应事时敬于应事，读书时敬于读书。”精诚所至，金石为开。

孔子说：“君子不重则不威，学则不固”，孟子说：“学问之道无他，求其放心而已矣”，说的就是这个道理。如果能做到心志真诚、庄严恭敬、敬畏戒惧，并常常保持这个心态，在读书时保持庄重，不被物欲干扰侵犯，那么以这样的状态读书，以这样的状态管理，将没有什么目的不能达到。以这样的状态处理事务，以这样的状态应付人事，也没有什么做法不会得当。这就是持身恭敬坚定志向的读书根本。

现代人读书，刚刚开卷，便先有了名利欲、腾达欲，耿耿于怀不能忘却，这便分去了读书穷理的心，没有专心庄重的状态，这样的读书也难以有成。

朱熹曾说："读书看义理，须是胸次放开，磊落明快，恁地去。第一不可先责效。"

持志，就是在读书时，不要忘记自己的志向，带着目标去读书，才有长期坚持读书的动力。朱熹说："立志不定，如何读书？"只有志向明确了，读书才不会让你感觉疲惫。因此，当我们读书有所倦怠时，可以问问自己，我是不是不需要学习了？我是否已经足够成功了？如果答案是否定的，那就接着读书吧。

但是也不能名利心过重。名利心重，则未读几卷书便忙于铺纸为文，意欲钓誉沽名。然而著文必须是心中有块垒，心中若无所得，如何做得好文章？

前人主张四十岁以后才可以著书立说，四十岁之前"只许动手，不许开口"，这是古人对于治学的严谨态度。我们虽不主张四十岁以前绝对不可做文章，但做文章也要真有见解，不是拾人牙慧，人云亦云。要先将书读精读透，不能急于看到结果，这样只会适得其反。

鲁迅先生在《读书杂谈》中说，读书至少有两种，"一是职业的读书，一是嗜好的读书"。职业的读书是为了生计，嗜好的读书是因为兴趣。

他说："嗜好的读书，本人自然并不计及那些，就如游公园似的，随随便便去，因为随随便便，所以不吃力，因为不吃力，所以会觉得有趣。如果一本书拿到手，就满心想到，'我在读书了！''我在用功了！'那就容易疲劳，因而减掉兴味，或者变成苦差事了。"

鲁迅所说的"随便"，并非无目的地翻书，而是说读书时"不计及那些"功利，以轻松的心情去看书。

朱熹有首关于读书的诗，这就是《观书有感·其一》：

半亩方塘一鉴开，天光云影共徘徊。
问渠那得清如许？为有源头活水来。

人生在世，怎么才可以让自己充满活力、与时俱进？要多读书。多读书，知识才能流动起来，成为活水，为我们所用。书籍是进步的阶梯，是成本最低的提升自己的方式，更是打开格局的利器。

遨游书海，形成习惯，知行合一，自然能在生活中融会贯通，在精神格局上收获全方位的改变。

第19章

任正非

没有天生的好头脑，
依靠好这两个字，
也能跑赢这一生

任正非

没有天生的好头脑，依靠好这两个字，也能跑赢这一生

“勤能补拙”是否已经成为被现代人抛弃的远古童话？未必！

这一原则，仍旧是能为人生查漏补缺，填平格局不足的不二法门。

有这么一个孩子，人们说他的智商只有75，腿部还有残疾，小伙伴都嘲笑、捉弄他。为了躲避大家的嘲弄，阿甘只好选择努力向前跑。他就这样跑啊跑，从伙伴们的追赶中逃脱了，而且越跑越快，跑进了大学的橄榄队，跑过了炮火纷飞的越南战场，还在战场上挽救了自己和战友，然后在养伤期间，跑进了乒乓外交的场地，最后他跑遍了全美国，跑赢了自己一生。这个孩子名叫阿甘，这个故事就出自电影《阿甘正传》。

华为的创始人任正非，就曾经将自己比作阿甘。

任正非早年也经历了摸爬滚打，他坚持勤能补拙的原则，才有了现在的成就。

任正非的前半生，手里握的差不多都是烂牌。他兄妹七个，小时候家境贫寒，家里经常借钱度饥荒，直到他高中毕业，家里的兄弟姐妹们也没吃过一顿饱饭。幸运的是，大家都活了下来。

1963年，任正非考上大学。20世纪60年代，他的父亲被批斗，任正非连夜从学校扒火车赶回家。父亲怕他被牵连，赶他走，并对他说：“记住，知识就是

力量，别人不学，你要学，不要随大流。”

任正非在这样异常艰苦的环境下，拼命地学习。大学毕业后，任正非参军，成了一名建筑兵。由于父亲成分的影响，尽管任正非在工程建设中取得了优异的成绩，可他仍只是个技术干部，没有军衔。但是，他一直没有自暴自弃，而是再接再厉。直到多年以后，任正非才算熬出头，各种迟到的奖励接连而来。

任正非以为熬出了头，没想到命运的考验又一次降临。1983年，他从部队转业，到南油集团下的一家电子公司任副总经理。1987年，由于对人太信任，任正非在经营中被骗了200万元。要知道，在当时3分钱能够买一根冰棍，内地城市的每月人均工资不到100元。200万元在当时可以说是天大的一笔债了。就这样，43岁的任正非背着天大的债务，被单位开除了，而妻子也在这时候提出了离婚。任正非上有老父母要养活，下有孩子要抚养，还要兼顾六个弟妹的生活。

走投无路、几乎弹尽粮绝的任正非，与几个志同道合的中年人，拿着几个人东拼西凑的2万多元钱，创立了华为。那时候的任正非，没有资本、没有人脉、没有资源，也不太懂市场。但是，他知道，不能放弃，要像阿甘一样，只知道向前奔跑，直到跑不动为止。就这样，任正非用一手烂牌，赢了人生。

阿甘看起来并不聪明，可是为什么聪明人做不成的事情，阿甘却做成了呢？“笨人”也有成功的方法，那就是“务实”。所谓阿甘精神，就是不管成功失败，只管向前奋斗，目标坚定、专注执着、默默奉献、埋头苦干。

当有人询问任正非，华为成功的秘诀时，他是这样回答的：华为没那么伟大，华为的成功也没什么秘密！华为为什么会成功？因为华为就是最典型的阿甘，阿甘就一个字“傻！”

任正非在企业管理上，也强调“务实”，不管成与败，只管脚踏实地向前冲。

1987年华为创立时，只是一家用户交换机香港公司的销售代理。任正非从1991年开始，决定把每年销售收入的至少10%投入研发，这一坚持，就是好几十年。试问，如果是别的企业老板，谁有这个战略定力呢？当华为员工都希望企业可以迅速发展扩大时，任正非却说，我并不希望企业发展太快，我们不需要超越谁，我们需要的是超越自己的肚皮，让自己先吃饱，先活下来。他认为，企业不需要立刻做大做强，而是要稳扎稳打、赚到钱，不要有赌博心理，不要抢占山头，不争前几名，只要活下来，活到最后就是最好的。任正非给华为制定的最低、最高战略，都是让企业存活下来，并且长久地活下来。他认为，做人，就是吃饭睡觉做好该做的事，做企业就是赚钱分钱，要回归本质，按照常识做事，干就完了。

有时候，一件事情能做成，就是遵循最简单朴实的规律，然后坚持，死磕到底，不放弃而已。这就是务实精神，面对一切障碍、一切外来的诱惑与荣誉，都不会影响自己的精神专注，都不会停下前进的脚步，将手中的工作做到极致，让追逐理想的脚步走得更加踏实，这就是务实精神，只有坚持下去，才有可能在不经意间看到理想的样子，取得事业的成功。

假如没有“时穷能守穷，时困能守困”的务实精神，司马迁也就提炼不出“文王拘而演《周易》。仲尼厄而作《春秋》。屈原放逐，乃赋《离骚》。左丘失明，厥有《国语》。孙子膑脚，《兵法》修列。不韦迁蜀，世传《吕览》。韩非囚秦，《说难》《孤愤》。诗三百篇，大抵圣贤发愤之所为作也”这样大气磅礴、智光照人的历史性总结了。正是因为有不屈不挠的务实精神的传承，才激励了无数志士仁人前赴后继，开创并成就了我们中华民族上下五千年辉煌的历史文化。

任正非的成功不易，他的看似“傻”的务实精神，却为他带来事业上的成功，带来国际上的荣誉，让华为成为国人为之骄傲的品牌。对于正在为梦想努力的我们，能给我们的人生和事业发展带来什么启发呢？

挫折可怕吗？继续努力就好了

任正非几经挫折，但依然还是挺过来，为了自己的理想而前进，好像这些失败对他来说是被免疫的，跌倒了，重新爬起，将坎坷完全甩在身后，好像从来没有经历过一般。因为心中有坚定的目标，继续将未完成的事业继续抓起来，有句话讲得好："泰山崩于前而面不改色。"只专注脚下，坎坷是注定的，而继续向前才是最要紧的事，也是非常难得的品质。

中国首位诺贝尔生理学和医学奖得主屠呦呦，当年靠着自己的个人走访，一字一句整理出了供研究员参考的640个方子，经过潜心研究与不断试验，终于提取出了对疟原虫有100%抑制率的青蒿素。随着疟原虫抗药性进一步恶化，89岁高龄的屠呦呦再次扛起青蒿素耐药性研究的大旗，在之前研究的基础上继续深入，不惧研究难度加大。

2021年6月，屠呦呦团队骄傲地向世界宣布：新一代的青蒿素抗疟组合再次战胜了已经产生耐药性的疟原虫！同时，利用青蒿素治疗红斑狼疮也取得了突破性的成果。

在科学研究中，事情的变化总是那么细微且关键，稍有不慎就会让研究的心血付诸东流。但是面对看似不能克服的难题，屠呦呦不曾放弃，坚持务实精神，将研究进行到底，终于取得了让世人瞩目的成绩。

巴尔扎克为《巴黎杂志》创刊号写了一部中篇小说，他对这部作品感到很满意。但是忽然想到小说中一个人物的名字还没命好，便立即给朋友戈日朗写信约次日下午一块去大街上看广告牌。为了这个名字他已苦苦思索了半年，仍然毫无结果。他们跑了许多条街，看了上万个招牌，都不满意。最后，在路边一个又窄又破的门上，巴尔扎克终于找到了灵感，想到了合适的名字。

只要有想要做的事情，想要完成想要做的事情，最难的就是排除万难，因为坎坷太多，意外太多，没有莫大决心，没有超强的定力，就难以专心于脚下的路；而面对坎坷的时候，最容易的也是排除万难，就算外界的干扰很多，就算坎坷会横亘在眼前，只需要专注脚下，一切都能置之度外。

生活总是具体的。吃亏、倒霉、不幸，这些都是生活中的常态。在风浪中拼搏向前的人，谁没有翻过船、撞过车、吃过亏？可是，人总是趋利避害，不肯舍利，不接受吃亏。受到磨难，要么心怀忌恨，怨愤，牢骚不满；要么悲观、绝望，走向沉沦；要么加倍报复，争个头破血流，走向肆无忌惮，走向疯狂。这都是认识的误区。既然吃亏是常态，那么接受它，认识它，总结一下自己，然后专注于眼前的事情，继续一步步实现自己的愿景，这就是务实。任正非受到的苦难，有外来的，有难以抗拒的，还有工作上的阻碍，但是他都能安然度过，没有一点怨言，只顾着向前、奋斗。这些苦难对他来讲，就算是"泰山崩于前"，也化作了"鸿毛"，好像没有一点察觉。

务实的最高境界就是专注，就是在幽静中保持安静，这是心灵强大的表现，也是对实现价值的强烈渴望所驱使的表现。这两个因素具备了，就能在世事纷杂中做一个有格局的人。任何挫折、任何干扰，都难以让他停止脚步。

荣誉很诱人，但"同志仍需努力"

任正非在创立华为之前，曾经取得过一些成绩，面对各种奖励，他还是保持自己的一贯作风，那就是务实，依然专注于手中的任务还有脚下的路，并不耽于鲜花和奖励，甚至从未在意；在华为成功之后，在国人的瞩目当中，任正非和他的华为还在强调并保持务实的作风，发扬"傻"的精神，从来不沉浸于取得的傲人成绩，继续研发更优秀的产品，不断提升技术水平。

务实是取得成绩的基石，也是取得更大成绩的台阶，而在荣誉和成绩面前，最务实的做法，就是低下头，让自己的价值继续发光发热。

1949 年开国大典前夕，林巧稚收到邀请函，请她出席 10 月 1 日在天安门广场举行的典礼。这是何等荣耀！同事纷纷跑来祝贺，但是林巧稚只是淡淡地笑了笑，说："感谢组织对我的信任。"当天晚上，她却悄悄给有关部门回了一封只有五个字的信："那天我出诊。"婉拒了邀请。她后来这么解释自己的选择："我的病人更需要我。"

病人与荣耀，孰轻，孰重？林巧稚的认识，基于她那颗患者至上的赤诚之心。倘若不如此，妇产医生有这么多，何以单单她会有"万婴之母"之称？女专家这么多，何以单单她能成为第一届学部委员中唯一的女委员？而被她接生的孩子，又何以会用"爱林""敬林""念林"这样的字眼来取名，借以感念她？有关部门又何以发行她的纪念邮票？患者至上，职责所在，最实在的就是做好自己该做的事情，务实的人终究会让人发现他的价值。

在荣誉面前，许多科学巨匠为我们做出了榜样。

近代电磁学的奠基人法拉第成名之后，各国赠给他的各种学位头衔达 94 个之多，许多国家还颁奖金给他。有一次，一位朋友问他喜不喜欢这些荣誉，法拉第答道："我不能说我不珍视这些荣誉，而且我承认这些荣誉很有价值，不过我从来没有为追求这些荣誉而工作。"在荣誉面前，他做的只是淡然一笑，继续埋头进行自己的研究。

丁肇中曾经说过："为拿诺贝尔奖而去工作是危险的。"因为我们是在为自己的理想和目标而去奋斗，荣誉只是证明你的努力得到了大家的认可。坦然面对荣誉，你才会有更大的成功。

奖励和荣誉姑且算是目标，为了荣誉而奋斗姑且算是务实，但是这种务实功利性太重，不踏实，终究也不会取得很大的成绩，也不会有长久的获得感，只会让人越来越浮躁，没有笃定的理想牵引，没有坚实的价值支撑，终究是走不远的。

任正非的理想是什么？是建立自己的商业帝国？是赚到多少个亿？还是为了增添更多的社会价值？我们不得而知，但是一定有一个理想，有一个价值追求，隐隐埋在心中，强烈又坚定，让人为之可以奉献一生，可以持续无休止地专注脚下，让人不在乎沿途的鲜花和掌声，这大概就是华为不断进步的原因。

我们在生活中也会面对一些成绩和荣誉，有的人忘乎所以，唯我独尊，所以在“成功”后，迷失了自己，忘了真正想要达到的理想，忘了要继续走的路、忘了要继续为之奋斗的事业，故而马上陨落，再也没有取得更大的成绩。可叹，可惜！

承受不了小小成绩的人，活得心浮气躁，走不好脚下的路，自己伟大的理想，也终究只是幻想。

成功路就在脚下，何必好高骛远

当企业已经稳定，所有人都希望扩大发展的时候，任正非却坚持一贯的管理作风，将资金投入产品研发当中，稳扎稳打，先活下来。务实的作风和思想已经贯彻到各个方面，任正非和他的华为，厚积薄发，之后取得的成就和声誉是一味追求高速度的企业无法企及的。不急躁，结合现实，坚定战略目标，任正非专注脚下，打好企业地基，这才是以后腾飞的基础。

一位法国青年兴趣十分广泛，他热爱科学，又喜欢文学，还爱好音乐和美术，把所有时间和精力都花在这些事情上，可是收效甚微。他不清楚是因为自己的能力不行，还是成才之路太难走，于是他去向昆虫学家法布尔请教。向法布尔说明情况后，法布尔对他建议：“把你的精力集中到一个焦点上去试试，就像这块透镜一样。”为了给这位青年充分地说明这个道理，法布尔拿出一只放大镜对准阳光，又将一张纸放在放大镜下面，纸上出现了一个耀眼的光斑，不一会儿就燃烧起来了。

有梦想的人，从来不会看到什么就想去实现。一山看到一山高，憧憬太多，行动太少，想要的太多，心态却不稳。在实现梦想的路上，只需找准一点，义无反顾地前行，踏踏实实地努力，少一些空想，才能让自己走上成功之路。

有一个小女孩，把刚刚挤好的一罐牛奶拿到集市上去卖。在去集市的路上，她把牛奶罐顶在脑袋上，一边走一边想着：如果能把这罐牛奶卖掉，就可以有钱买几只小鸡。等小鸡长成大母鸡之后，就会下很多蛋。之后，这些蛋又能孵出许多小鸡，小鸡长成母鸡后还会下更多的蛋……把这么多的蛋卖掉之后，就有钱买一套漂亮的礼服了。我要是穿上这套礼服去参加王子的宴会，王子会一下子爱上我，邀请我跳舞，向我求婚……那样，我就可以过上让人羡慕的生活了！

小女孩想啊想，越想越美，最后竟然开心地跳起来。但是滑稽的是，她忘记头上的牛奶罐了，手一滑，罐子从头顶上掉下去，摔在地上，牛奶洒了一地。

心怀伟大的梦想，憧憬美好的未来，本身无可厚非，错的是只有梦想，却不肯脚踏实地。

任正非说，这个社会并不需要太多聪明人。的确，有不少人很聪明，但是好高骛远、眼高手低，反而很难成功。真正成功的，并不一定是特别聪明的人。他坚持“阿甘精神”，专注于脚下，用华为的高质量告诉我们：专注脚下的路，走好自己的路，远比好高骛远的人走得更远。

真正的务实，讲究的是随缘、自在、无我、悟空，这正是“务实”二字的格局所在。

现在讲“务实”的大有人在，但是真正懂得务实而且能做到务实的人，恐怕不多。大家都务实，人人都务实，社会一定安稳祥和，怎会有那么多矛盾、纠缠、痛苦、委屈、怨恨、报复和种种社会悲剧呢？不求名、不求利，不怕苦、不怕难，知人知己，知世知时，守信不欺人，守诚不欺心，不眼高手低，专注脚下，宠辱不惊，自己解决自己的问题，这才是务实。

对于我们的工作、生活来说，也是这样，只要肯花功夫，务实本分，不怕挫折，在一个领域长期坚持，反而更容易取得一定的成就。相反，如果主意不定，总想着一飞冲天，却不顾脚下，不看眼前，被现实一击就倒，是很难成功的。两相对比，给我们的启示正是：不要嘲笑别人的踏实努力，因为，那也许是离成功最近的一条路。

第20章 雷军

再多的天赋和运气，
也要走好这一条路，
否则难成大事

雷军

再多的天赋和运气，也要走好这一条路，否则难成大事

扫一扫
看视频

一个人应当如何实现人生价值？如何将思想、理念与格局化为实际的力量？如何知行合一，有所成就？

或许除了一点天赋与运气，更需要做好选择，脚踏实地。

2020 年 5 月 8 日，金山云正式登陆纳斯达克，成功上市。这是雷军执掌的第四家上市公司，之前的三家分别是金山软件、小米和金山办公。

有人说，你可以不喜欢小米，但你不得不佩服雷军这个人。因为，可以毫不夸张地说，雷军是现在社会这个大环境中，一个普通人，靠勤勉努力就能达到的上限。

雷军聪明吗？聪明。雷军在大学时，两年就修完了所有学分，他大一时的作业，还被写进了教科书。雷军有能力吗？有能力。他28岁时，担任金山的总经理，让WPS成为国内主流办公软件之一。他还创办了卓越网，后来卖给了亚马逊，就有了曾经与当当一起争夺电商图书老大的卓越亚马逊。他40岁时创办小米，十年来，小米公司成长为世界500强企业中最年轻的一员。说到这里，有的朋友要说了，雷军是因为聪明，加上自身非常有能力，才有了今天的成就吧？

雷军说：创业者，没有表面上看到的那么光鲜亮丽，创业并不简单，唯有努力工作而已。他在一次演讲中说，如果你要真的实现内心与众不同的梦想，付出的不比别人多，怎么可能成功呢？他认为，在大家智商都差不多，所拥有的资源都差不多的时候，在激烈的市场竞争中，如果我们的付出不比别人多，是不可能成功的。

更何况，一个人不奋斗，不去努力的话，拥有再多的天赋和运气，都没有用。

媒体都称雷军是“劳模”。大学时，别人看电影打游戏时，雷军在自习室埋头苦学；别人在校园里成双成对出入时，雷军在图书馆里遨游。毕业加入金山后，雷军每天只睡四五个小时，每周工作六天，像打了鸡血一样。雷军在担任金山 CEO 期间，兢兢业业多年，完成了金山的 IPO 上市工作，此后，他辞去金山 CEO 工作。赋闲在家的雷军，总结了自己在金山的岁月，他认为自己当时就是推着石头上山，不仅累，还有被石头砸到的风险。于是，他开始相信风口理论，在风口上，猪也能飞起来。这是不是意味着雷军以后不再坚持努力工作了呢？并不是。抓住风口，是做出正确的选择，而想要成功，依然离不开努力工作。

在创办小米后，雷军依然保持着“劳模”特色，无论是在研发、生产，还是在营销上，雷军都冲在第一线。为了选择合适的手机屏幕，他意欲前往日本，可是天有不测风云，那时正赶上日本地震后的福岛核电站发生核泄漏，雷军依旧选择赶赴日本，与供应商夏普进行洽谈。在工作时，他平均每天要开 11 个会，有时候吃午饭的时间只有 3 分钟。雷军很欣赏日本经营之神稻盛和夫，他在读稻盛和夫的《六项精进》时，领悟到：这本书的大部分篇幅，其实都在反复说三句话：第一，付出不亚于任何人的努力；第二，认真拼命地工作；第三，除了拼命工作之外，世界上不存在更高明的经营诀窍。

“拼命三郎”雷军，用认真工作这一点，改变了自己的人生，成为普通人奋斗的榜样。努力有用吗？勤奋有用吗？认真工作有用吗？雷军的答案是：有用。榜样的力量是无穷的，这样勤奋工作的故事，对我们会有什么样的启发呢？

勤奋改变一生，专注铸造卓越

雷军无论在事业的什么阶段，都信奉勤奋至上，利用好所有可以利用的时间，全力以赴，将所有的精力全部投入工作中，最终将事业做成功，创办好几家公司，成为成功的典范，听来让人热血沸腾。

其中，处处都包含他的绝佳习惯，他是好习惯打造的成功者！

一个习惯的坚持，也是一个专注的过程。

东晋书法家王羲之，从小勤奋好学，苦练书法，有时候把父亲秘藏的前代书法著作拿来参悟，领悟了之后就开始练习。在他每天练字的地方有一个池子，他来了就提笔写字，从早到晚，外界的一切都跟他无关，他将全部的精力都倾注在练习书法上。

就这样，神奇的事情发生了，他每天写完字，就会在池子里洗笔，日积月累，这一池子的水竟然都变成了墨色，这个池子也就是传说中的“墨池”。

想要成功，就要有好的习惯，还要把这个好习惯坚持下去。习惯造就伟大。这一池墨色的水，正是由专注与坚持的习惯改变的，需付出多少努力才能让一个人成为万世称颂的大书法家？王羲之正是例证。

勤奋地工作可以为你带来巨大的收获，说它能够点石成金一点都不为过。纵观古今中外的成功人士，他们所获得的伟大成就无一不是勤奋工作的结果。

居里夫人在巴黎上大学时，住在一间又窄又暗的小阁楼里，那时候她废寝忘食地学习。有一天，她的朋友来看她，竟然发现她晕倒在地，赶紧找来她当医生的姐夫卡密尔。

卡密尔见居里夫人脸色苍白，环视屋里竟然一点吃的也没有，问她几天没吃东西了。她支吾半天才说前天吃一把小萝卜和几个樱桃。又问她睡觉没有，她说只睡了四个小时。

居里夫人是卓越的科学家，其聪明才智自然不在话下，但是在成为科学家之前，她也是一位“劳模”，在知识的海洋里忘我地遨游，竟然能专注到废寝忘食的地步，试问，这样的学习态度，又有几人能够做到呢？优秀的人之所以优秀，卓越的人之所以卓越，都在背后付出了超越常人的努力，更何况，有的人本身就天赋极佳。勤奋成就卓越，是在专注当中将眼前的难题看透，做到极致，还有什么不能克服，自己还有什么理由不会提升，成为出类拔萃的那一个呢？

个人勤奋，可以让自己变得卓越，一国之人勤奋，就会造就一个强大的国家。

在中国的乒乓球运动员中，邓亚萍的身体条件并不出众，自踏上乒乓球这条路开始，就注定会比别人艰难一些，但是她却成为我国人尽皆知的乒乓球运动员。她的秘诀并不花哨，那就是勤奋。

邓亚萍个子不高，而且手脚粗短，看起来不像是打乒乓球的料。5岁起，她就跟着父亲学打乒乓球。她一开始学的是直拍握法，但是由于个子矮，胳膊短，有些球接不到，于是第二年就开始改变握法，打横拍。特殊的身体条件，让她不得不采取特殊的训练方法，于是在后面的训练中，她练的都是使用正手攻球，这种方法是罕见的。她深知，要想打出一片天地，必须付出更多努力才行。

后来的路更加难走。因为个子太矮，她被河南省队排除在外，只好进入郑州市队。被拒绝的经历，更加激发了她的斗志：别人说自己不行，那就自己为自己争口气。于是以后她更加苦练球技，磨炼意志，即使练到全身都是伤，她也不会喊疼，只是埋头苦练。脚底磨得满是血泡时，她就裹上纱布继续练，从不叫停。

就这样，她日复一日地刻苦练习着，锻炼出了罕见的打球速度和别人不具备的胆量。9岁时，她就在全国业余体校分区赛中获得单打冠军。1988年，她被选入国家队。1989年，她首次参加世乒赛就夺得女双冠军，成为国乒史上最年轻的世界冠军之一。1992年，她在巴塞罗那奥运会上又勇夺女子单打冠军、女子双打冠军。1993年，她在瑞典举行的第四十二届世乒赛上与队员合作，夺得团体、双打两枚金牌。1995年，她在世乒赛上夺得女单、女双、女团三项冠军。1996年，她在亚特兰大奥运会上又一次获得了女子单、双打两枚金牌。成为名副其实的“乒坛皇后”。

这些成绩都是邓亚萍凭借着一滴滴汗水铸成的。勤奋是一个朴素得不能再朴素的品质，但是将最朴素的东西坚持到极致，就能取得最坚实的成就。这最朴素的东西的意义不可估量，它不仅关系着一个人的命运，甚至关乎一个国家的命运，邓亚萍就作出了表率，她的成功让人相信“功不唐捐”，人若都能摒弃懒惰，自身就能强大；若人人都能摒弃懒惰，相应地，国家也将日益强盛。

勤奋的意义实在不可估量，它可以改变一个人，甚至改变一个国家。而懒惰只会是成功路上最大的绊脚石，也是跟平庸最密不可分的形容词。“功力必不唐捐”，勤奋的结果总会让人满意，在不远的未来，或者就在明天，让人看到实实在在的改变。

价值感从哪里来？在努力和奋斗之中

雷军在做“甩手掌柜”的时候，还研究起了风口理论，在发现其中的奥秘的同时，还是选择继续做一个“拼命三郎”，因为只有努力工作才会让机遇不会从手中滑落，只有勤奋才能让自己的心中踏实，只有继续奋斗才能让自己有更好的精神面貌，重新调动工作时的“肌肉记忆”，更能一如既往地坚定地、沉着地应对商场上的大风大浪。

心理学家说，勤奋可以提高人的自信心、意志力、责任感、掌控感以及社会适应能力。当你持续保持勤奋的时候，你会发现，你整个人的精神面貌都会有所改变。

“勤奋工作能使你得到快乐。”人们能够在勤奋工作的过程中找到自己存于这个世上的意义，明白怎样做才可以实现自己的人生价值。无论我们从事什么样的工作，只要肯忘我地投入其中，便可以得到平和的心境，培养高尚的人格。

罗斯金的话说得极为中肯：“一个人的工作是否勤奋，对他是否能创造出一番成就起着决定性作用。”

在现实生活中，很多人终日无所事事，生命对于他们而言，完全没有价值。要想得到，必先付出；要想成功，必须勤奋。这是无人可以抗拒的规律。左拉说：“世间最伟大的人就是那些勤奋工作的人。”人们在勤奋工作的过程中不断付出，不断进步，才能有持续的获得感。

社会的不断进步是由无数人的勤奋工作促成的。如果所有人都将手头的工作放下，整个社会也就停止了运转。好比器官长时间不用就会退化一样，人类如果长时间不工作，工作能力就会退化，渐渐失去了生存的价值。要想让自己的人生被幸福感与满足感充斥，避免虚度光阴，就必须在奋斗中创造价值，获得自己的价值，让人生显得不再空虚。

捷径不可靠，勤奋才是最好的“捷径”

雷军说到自己的经营诀窍，就只有“努力工作”，只有“拼命”。无论何时，他都是冲在第一位的那个。小米的成功、金山的成功，都是“拼命三郎”拼出来的，不是走捷径走出来的，雷军是普通人成功的典范，拼命就是最大的本钱，时间和汗水就是筹码，他的成功，就是在坚持努力之后，反馈给他最好的奖赏。

为什么很多人都在谈努力，谈勤奋呢？因为资源背景、外在条件有时候是与生俱来的。机遇也有运气的成分在里面，而只有选择和勤奋才是我们自己可以决定的。

成功并不是靠捷径就能实现的，真正的卓越是汗水和心血铸成的，是在真正的磨炼中打磨出来的。专职写作的严歌苓，雷打不动地坚持每天写作六小时，一天都不曾荒废。

诚然，她的勤奋和努力，在某一些靠机遇和运气就获得大的成就的人面前显得有些微不足道。在这个时代，用十几分钟时间搜索，就能把热搜关键词炮制成一篇抓人眼球的新闻稿；把别人的故事拿出来随便拼拼凑凑，也不难制造出一篇爆款文章。这样的捷径让许多人赚得盆满钵满，成了“方法大于勤奋”的最佳例证。但这世界上有许多位大同小异的“资深情感博主”，却只有一个严歌苓。

这个时代，人人热捧天才，人人鼓吹捷径，叫喊着“机遇大于一切，战略高于战术”，热捧天才，但是自己不是天才；鼓吹走捷径，但是自己没有门路。想要一个绝佳的机遇，一飞冲天，但是自己却没有才华能掌握住，讲求方法，却没有深厚的技能基础来打底，最终只能自怨自艾，抱怨自己不是天才，却又对勤奋、努力、认真嗤之以鼻，总在追求能看破红尘，在各处能如鱼得水的“道”，却在虚无和空洞的生活中迷失心性，看似忙碌，却像是行尸走肉，生活被娱乐填满，精神却还悬在半空。

捷径不太好走，捷径也会在你低头苦干、偶尔抬头的时候显现。但是两眼放光，汲汲于寻找捷径，这是懒人的惯性思维，也是最可笑、最不可能实现的事情。成功道路上最大的拦路石就是懒惰，一个懒惰的人，根本不可能有足够的决心与意志去争取成功，他们只想待在舒适圈，只想一劳永逸，等待他们的结局只能是失败。

我们经常会听到有人在抱怨，抱怨这个社会不公平，抱怨自己运气不好，抱怨自己不够聪明，每天都活在焦虑和自我怀疑中，这样的生活，痛苦而纠结。既然这样，为何不去尝试一下，让自己去认真努力地工作呢？作家格拉德威尔在畅销书《异类》中，提出了1万小时定律，他说，“人们眼中的天才之所以卓越非凡，并非天资超人一等，而是付出了持续不断的努力。1万小时的锤炼，是任何人从平凡变成世界级大师的必要条件。”1万小时，可以让一个普通人脱胎换骨。如果你在工作中遇到了瓶颈，如果你在自我发展上遭遇了挫折，如果你付出了很多汗水却还没收到回报，不妨问问自己：有没有坚持够1万个小时？是否真的保持勤奋了？

我们生活在一个速成的时代，我们崇尚“聪明”，崇尚偶像的光环，却不关注背后的努力，只因为自己没有“好运”，果断放弃自己，接受现状，也放过了自己的浮躁和不努力，甚至忘记了自己的理想，让惰性占据自己的精神，让享乐主义主宰着自己的肉身。而勤奋，或许才是最简单，但也最被低估的美德。它能让人得到最大的快乐。勤奋的人大有人在，别让这时代的悲哀，成为你个人的悲剧。

如果你想让自己的事业走得更远的话，不妨像雷军一样，当一个“劳模”，时时处处当一个“拼命三郎”吧。当你付出了不亚于任何人的努力，并且努力到已无能为力时，成功可能就会随之而来。

第21章 俞敏洪

面对未知的挑战，
保持好信心是关键，
助你未来越战越勇

俞敏洪

面对未知的挑战，保持好信心是关键，助你未来越战越勇

面对未知挑战，应对变化万千，如何保持知行合一的姿态？

很多人都知道新东方创始人俞敏洪的创业故事。俞敏洪和他的新东方，经历了风风雨雨，都是乐于迎接挑战的。2013年5月17日，由陈可辛导演执导的青春励志喜剧《中国合伙人》上映，这部电影就是以新东方的创业故事为主线，以俞敏洪和徐小平、王强三人在新东方的共同奋斗的故事为蓝本创作的，而电影中，成东青的原型就是俞敏洪。这一路走来，可谓是波澜壮阔。俞敏洪和新东方的成功，对于一个人的成长以及人生，有什么样的借鉴呢？

向往远方，不惧未知挑战

从小到大，俞敏洪都是在一次次直面挑战后越挫越勇，不怕面对未知。他觉得，挑战与机遇是并存的，人生只有不断接受挑战，才能不断前进。俞敏洪出生在一个农村家庭，小时候，他就很向往远方的生活，总想穿越地平线，走到远方。正是这种强烈的渴望，让他有勇气三次参加高考，最终成功进入北大。他还非常热爱旅行，上了大学以后，他想像徐霞客一样，走遍大江南北。于是，在寒暑假时，他就自己一个人不停地走啊走，背着包“穷游”，看到了未知的风景，经历了未知的挑战。

公元前330年，希腊人皮西亚斯乘坐“柳条船”抵达北冰洋，人类冒险的勇气就此被点燃，从此代代相传，穿越大陆、海洋、天空成为人类最浪漫的行为。

皮西亚斯穿越巨浪滔天的大西洋，远抵冰岛，见到的海洋像是凝固的牛奶，世界简直不可思议。“柳条船”承载的人类极其渺小，而世界正在频频出现。

北欧船长“红发埃里克”将一座荒芜又贫瘠的孤岛命名为格陵兰（Green-land），他借助海浪的力量，在克纳尔船上带领维京人踏上未知的领地，刺骨的海水抵不过沸腾的热血。这种热血让维京人比哥伦布提前500年发现了美洲大陆，伟大的传奇一直封存在古冰岛语体系里，直到纽芬兰岛的维京遗迹被发现。

正是对未知的探索，世界的奥秘才被一点点地揭开，这是未知世界的美丽之处，也是它的诱人之处，未知的风景总是让人意外，带领人类走向进步。

但是对于我们的生活中的未知，好多人都倾向于刻意地避开，大都崇尚稳定，对于未知中所包含的美也一并抹杀掉了，躲避了不确定，但是也避开了更多的人生风景。尽管我们穷其一生都在追求确定的东西，只求一个安心，但未知也许并不是坏事，正如《阿甘正传》里的台词：生活就像一盒巧克力，你永远不知道下一颗是什么味道的。

对于身处职场中的人来讲，稳定也不是让人绝对安全的因素。比如一次黑天鹅事件的发生，就会带来巨大的影响，甚至带来无法逆转的后果。欧文在大公司上班，每个月都会有固定的薪水进到他的银行账户，职业生涯没有什么波动性，一切都非常安稳，但就在2008年，他的公司遇上了金融危机，公司财务出现了问题，必须进行大量裁员，这次“黑天鹅事件”导致他失去了稳定的收入，50多岁的年龄也很难再找到一份薪水这么高的工作，于是生活顿时陷入困境。而收入不稳定的伊森，职业是一名销售，有时赚得多，有时赚得比较少，收入虽然有一定的波动性，但就是这种小小的压力，促使他不断地在各种环境下学习，并且在持续的压力之下保持较强的竞争力和灵活的适应力，挺过了这场金融危机。

所以一切看似稳定的背后，在未知的情况毫无预兆地降临时，其中隐藏的巨大的脆弱性的本质就会突然全面地暴露出来。

其实，人生也是一场旅途。与其说俞敏洪热爱的是远方的风景，不如说他是对未知的事物持有一种好奇心。而面对未知的挑战，他也有一颗强大的自信心在支持，让他能坦然冷静地去应对各种情况，从而能够体会并享受到未知的挑战所给他带来的乐趣。

心存梦想，敢于主动挑战

从北大毕业后，俞敏洪顺利留校，成为北大的一名英语老师。一切都已经安定下来，但是在他心里面还有个留学梦，一直挥之不去。于是他就想攒钱去留学，但是光靠工资肯定是不够的，他就偷偷地在校外兼职。那时候，他兼职挣的钱是工资的好几倍。后来，他的行为被北大知道了，因违反规定，俞敏洪受到学校处分，最终被迫辞职。然后，他就在中关村的一个小学租了一间平房当教室。就这样一桌一椅一老师，俞敏洪创办了“东方大学英语培养训练班”，这也就是后来的新东方英语。

因为有坚定的梦想，所以就有了强烈的渴望，为了这个目标敢于去挑战一切、尝试一切。俞敏洪为了实现梦想挑战了太多，在各种与外界的激烈的碰撞中，在各种内心的淬炼里，在各种与生活的交锋中，终于打造出了自己的教育帝国的雏形，离自己的梦想更进一步。

有梦想就是要敢于挑战各种障碍，挑战自己能力的上限。

“若梁灏，八十二，对大廷，魁多士。”梁灏82岁中状元的事迹被写入《三字经》，激励了无数后辈读书人。

梁灏年轻时正值五代十国中后期，战乱的环境使自幼喜爱读书的梁灏难以专心致志地读书。当梁灏的儿子考中状元后，梁灏自己的年纪已经很大了，但是自己的状元梦还没有实现。为了实现自己年轻时的理想，他仍然刻苦学习，博览群书。终于，在他八十二岁高龄时又参加科举考试，在殿试中，这位老人气宇轩昂，面对宋太祖的提问，他对答如流，博得了皇上的赞赏，终于独占鳌头，考取了状元。

梁灏敢于挑战自己，挑战看似不可能跨越的障碍，给中国的精神宝库添上了浓墨重彩的一笔。

尼可洛·帕格尼尼是意大利小提琴家、作曲家，被人称为“独弦琴上练出来的小提琴家”。为什么这样讲呢？

柏格尼尼的艺术道路极其坎坷不平。他生于一个小商人家庭，据说，曾因为政治犯罪坐了20年的牢。但即使身陷囹圄，他也不曾放弃梦想，而是坚持在狱中学习。他在狱窗边，用一把只剩下一根弦的提琴，坚持苦练，几十年如一日，终于在演奏技巧方面达到了出神入化的境地。他的创作和演奏奔放不羁，富于激情，对同时代的浪漫派作曲家有很大的影响。

在共同的梦想面前，每个人都不会有共同的起点。帕格尼尼的起点就是一把独弦琴，一根弦却能弹出广阔的天地，弹出梦想的轮廓，在极其孤独寂寞的环境中，在困苦潦倒的条件下，打破物质的界限，挑战琴弦的宽度，在单弦上弹出不单调的炉火纯青的华章，真是让同在梦想途中却轻言放弃的人们汗颜。

敢于挑战是俞敏洪的成功之道，也是各位不凡之人之所以不凡的诀窍。

冷静看待挑战，实现自我成长

俞敏洪在节目里说，刚开始创业时，他口才并不好，结果在一次次跟人打交道之后练好了。这件事让他觉得，当遇到麻烦的时候，别觉得那是麻烦，把它当成一次锻炼自己的机会，积极应对，这样一来就可以激发个人潜能，在一次次的锻炼与摔打中提升自己。当遇到挑战时，不要觉得自己做不到，先去试一试再说。

新东方走的路，之前很少有人走过，然而，新东方还是从零到一，摸着石头过河，历经了无数的挑战，终于走过来了。从一家小小的培训学校，发展到市值百亿美元左右的教育集团。这也是新东方不断发展、变革、突破、尝试的过程。

当年，在疫情的影响下，新东方面临着严峻的考验，线下的课堂全部停课，只能将课堂搬到线上来。虽然员工、老师、家长、学生都没有做好相应的准备，但是，新东方还是积极应对着，几万名老师从除夕夜就开始在线训练和备课，公司所有技术人员和研发人员夜以继日地工作，集中火力做好线上教育，最终将线上教育这个相对薄弱的板块给补齐，实现了全方位的教育领先。

当困难无法逃避时，就积极去面对，新东方冷静应对，接受挑战，这个过程无论是对企业，还是对个人来说，都是一个成长的契机。

中国滑雪运动员谷爱凌，在北京冬奥会自由式滑雪大跳台决赛中进入了最后一轮，面对冠军的一步之遥，谷爱凌勇敢地选择了自己平时训练中都从未完成的动作，如果仅完成常规动作，她很难夺得桂冠。选择从未完成的高难度动作是荣誉感给她下达的任务，是冠军给她的挑战，也是自己对自己的挑战。谷爱凌终于在大跳台上纵身一跃，做出一套令人震惊的动作，最终挑战成功，勇夺冠军，成为世界上第一个在正式比赛中完成该动作的女运动员。

谷爱凌曾写过：我承认，我爱上了恐惧。她认为恐惧带来的压力是最好的能量来源。她爱上恐惧，克服恐惧，接受命运发起的挑战，终于在挑战中突破了自我的界限，获得提升。

生活中的挑战终究还是层出不穷，我们只有保持一颗平常心，冷静对待，理智分析，在危机中发现自己，发现应该要走的方向，在挑战面前从容应对，想方设法迈过去，终会克服它，战胜它，而不是一味地恐惧、退缩，这样才能真正地实现自我的飞跃！

不安于现状，“折腾”中寻找意义

如果我们的人生没有什么挫折，没有什么挑战的话，也就少了很多色彩。太平静的生活，没有波澜，也少了很多乐趣。有人说，人生不在乎长度，而在于厚度。也就是说，我们要让自己的人生有一些底蕴，因为生活丰富多彩才有意义。人生有时候就是需要点儿小折腾。如果俞敏洪不想折腾，不向往外面的世界，他就不会连续好几年参加高考。如果俞敏洪不想折腾，不想出国，他就不会在外面偷偷兼职。如果俞敏洪不想折腾，辞职后，他大可以再找一份工作，没必要选择艰辛的创业之路。但是，正是这股折腾劲儿，让俞敏洪成了一名成功人士。如果新东方不想折腾，也许就是一个小培训机构，或者再大一点，有分校，有连锁，但是很难做到上市，很难做到现在的规模和成就。折腾，然后再应对，也是一条出路。

不安于现状，不满足于自己的成就，向自己发起更多的挑战，接受生活更多的挑战，这样更加容易成功，能让自己成为不一样的人，看到更大的、更不一样的世界。

第22章

王卫

顺丰发展至今的优势，
也是打开格局的秘密武器，
你掌握了吗？

王卫

顺丰发展至今的优势，也是打开格局的秘密武器，你掌握了吗？

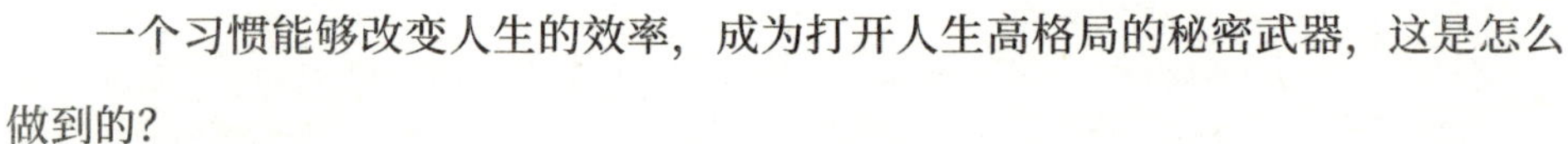

一个习惯能够改变人生的效率，成为打开人生高格局的秘密武器，这是怎么做到的？

一提到顺丰速运，想必很多人的第一反应是：快。

这就是答案！

在网购时，尤其是在网上买生鲜水果时，如果店家承诺顺丰包邮的话，我们会比较放心。为什么呢？因为在大多数人的印象里，发顺丰速运，好像会比其他快递要快一些。那顺丰速运，真的比其他家的快递要快吗？

在过去很长一段时间里，顺丰速运有着“次日达”的称号，寄东西，如果是临近的几个省，今天寄，明天就到了。如果比较远的话，第三天也就到了。

速度快，是顺丰的优势，也是它发展至今的秘密武器。

第一，顺丰行动够快。顺丰起家的过程极快。1993 年，年仅 22 岁只有高中学历的王卫，在广东顺德做印染。这时候，珠三角地区经常需要香港的货物，发现商机的王卫，做起了码头捎货的“生意”。王卫向父亲借款 10 万元，在香港太子兰街租了个地方，专门替企业运送信件到珠三角，顺丰由此诞生。那时候，采用的是背包和拉杆箱来往返两地。王卫采用低价策略，吸引了不少客户，生意做得很红火。王卫抓住契机，采用合作和代理的方式，让顺丰迅速扩张。每建一个站点，就注册一个新公司，分公司归当地加盟商所有，这使得顺丰在几年的时间内，迅速占领珠三角一带的快递市场。王卫有着敏锐的商业嗅觉，对市场看得也很准，最重要的是，他行动得够快，这让他赚到人生的第一桶金。

第二，顺丰转型够快。在珠三角地区站住脚后，代理加盟的模式也逐渐暴露出一些问题，比如，服务品质无法把控，客户的投诉电话也渐渐多了起来。王卫痛定思痛，决定把加盟制过渡到直营制。加盟制适合抢占市场，但是也留下了加盟网点不好管理的弊端。这就好比十八路诸侯占山为王一样，你虽然是总部，你说的话，加盟网点也不一定听。把权力放出去很好放，收回来却很难。再难也得改，于是，王卫立即开展了“铁血改革”。尽管当时加盟商们联合起来，反抗王卫的“收权”，甚至有人传言，王卫因为改革，人身安全也遭受到威胁，不得不雇保镖来保护自己。但是，改革的效果还是很明显的，到了2005年，顺丰基本上从加盟制转为了直营制。如果王卫没有当机立断、立即行动的话，也许就不会有现在我们看到的顺丰了。

第三，顺丰在快的同时，也没有忘记品质，抢占用户心智的速度够快。这，也成为顺丰重要的转折点。2003年，受“非典”影响，人们不敢轻易出门，于是，大家开始尝试在网上进行购物，快递行业也迎来了蓬勃发展。顺丰瞄准时机，迅速与扬子江快运航空签订了5架包机的协议。顺丰成为国内第一家使用航运的民营快递企业，而这也是顺丰逐渐成为国民心目中“快物流”的开始。顺丰的价格比其他快递要贵，但是它快，别人48小时送到的条件，顺丰用36小时就能送到。别人用卡车送，顺丰用飞机送。顺丰为客户争分夺秒，它的快，也为它赢得了客户的认可。人们选择顺丰，因为它快，因为它站在用户角度去考虑问题。就这样，顺丰抢占了快递行业的中高端市场。直到现在，在寄加急、重要的快递时，大部分人还是优先选择顺丰。

第四，顺丰布局快。2009年，很多小快递公司都破产了，顺丰也经历了历史上少有的亏损。这时候，顺丰又一次体现了它的快。顺丰申请成立航空公司，花钱买飞机。当竞争对手缓过来后，想追赶顺丰，而拥有货机的顺丰，早就

“飞”到了前面。

第五，顺丰的员工，也学会了“快”文化。顺丰员工的工资，是计件制工资。拿顺丰快递员来说，大家的基本工资都不高，谁想挣得多，谁就要多送件，同样的时间，怎么才能多送件呢？那就要看谁的动作快。顺丰的快递员不用领导催，积极性也很高。每个快递员在顺丰里，是给自己打工，都是大公司里的个体户，多劳多得，干得多挣得多，在这样的情况下，谁还慢腾腾的呢？

在当今社会，各行各业都有一个共同的诉求，那就是“快”。电商正在拼命把仓库布局到各个城市，甚至是用户家门口，社区团购兴起。而美团、饿了么、滴滴等本地生活服务平台，也在不断崛起，让用户可以获得更及时的服务。去餐馆吃饭，有的餐厅会推出“半个小时菜没上齐，就赠送菜品”的服务。时间那么宝贵，谁愿意多等一会儿呢？正所谓“天下武功，唯快不破”，顺丰的崛起，也可以说是搭上了“快时代”的车。顺丰之所以能搭上这班车，自然离不开顺丰老总王卫。快，是顺丰的成功之道，也是王卫的成功之道。

“唯快不破”的习惯，让王卫走在了很多人前面。对于处在快节奏生活里的我们，王卫的成功可以给我们哪些启示呢？

快速抓住契机，实现自我发展

王卫的成功，跟顺丰“快”的风格是一样的。在风起云涌、千变万化的商业大潮里，王卫迅速抓住自己想要的机会，时时快人一步，最终缔造了不可撼动的、以“快”著称的、让人放心的顺丰帝国。

迅捷的速度，能看到他人所不能看、达到他人所不能达，自然拥有不同的格局。

王卫在初创业时，抓住机会，实现了独特的合作与代理的运营方式，迅速有了自己的商业版图；“非典”时，王卫抓住机会，走在别人前面，集中“进攻”

航空战线，迅速占领了中高端客户市场，在行业内实现了长足的发展；之后，顺丰果断申请成立航空公司，买飞机，进一步发展航空速运，远远领先同行的运送模式……

王卫快速的决定实现了顺丰快速的发展，顺丰的“快”的风格也得到客户的好评与信任，从而快速领先同行，成为快递速运行业的领头羊。

对于我们而言，生活中的机会实在太多，也稍纵即逝，怎样才能像王卫一样，面对机会，快速出手，离自己的成功再进一步呢？

犹太人有个非常幽默的比喻。他们讲，有三种东西不能使用过多，那就是：做面包的酵母、盐、犹豫。道理很容易理解，犹太人总结得也很形象。酵母放多了面包是酸的，盐放多了就太咸了，犹豫多了则会丧失稍纵即逝的机会。

犹豫是因为害怕失败。对失败的担心让人变得谨小慎微，以各式各样的借口延缓着行动，而结果当然就是坐失良机。

富翁家的狗在散步时跑丢了，于是富翁在电视台发了一则启事：“有狗丢失，如有归还者，付酬金1万元”。并有小狗的一张彩照充满大半个屏幕。启事一经发出，送狗者络绎不绝，但都不是富翁家的。富翁太太说，肯定是真正捡狗的人嫌给的钱少，于是富翁把酬金加到2万元。

原来，一位乞丐在公园里捡到了那只狗。乞丐没有及时地看到第一则启事，当他知道送回这只小狗可以拿到2万元时，兴奋极了，他这辈子都没有过这种好运气。

第二天，乞丐一大早就抱着狗去领2万元酬金。当他经过百货公司的电视屏幕时，又看到了那则启事，不过赏金已变成了3万元，乞丐停下脚步，细细想道：赏金增长的速度这样快，这狗到底能值多少钱呢？

于是他改变了主意，回到他的破窝棚，把狗重新拴在那儿。

第三天，悬赏额果然又涨了。

在接下来的几天时间里，乞丐没有离开过大屏幕，当酬金涨到使全城的市民都感到惊讶时，乞丐返回他的窝棚。可是那只狗已经饿死了，因为这只狗在富翁家吃惯了牛奶和鲜肉，根本不吃乞丐从垃圾桶里捡来的食物。

乞丐也想拿到酬金，但是因为他太贪婪，害怕自己获得的酬金不是最高的，所以犹犹豫豫，没有抓住唾手可得的机遇，只能空欢喜一场。

面对机会，无论是运气到来的机会，还是对于自身发展有利的机会，都需要果断快速出击，不让本属于自己的机会落空。

拿破仑小时候并不果断，但是他慢慢发现，很多事情如果不快速表态或执行，机会就稍纵即逝。例如，继母问他要不要吃甜点，如果他略一迟疑，没有立刻回应，往往甜点就会落入弟弟的嘴里。爸爸问他要不要出去玩，他一犹豫，就会看到弟弟跟着爸爸出门了……

相似的事情发生的次数一多，拿破仑慢慢学会果断，把优柔寡断抛到九霄云外，面对机会快速抓住，最终成为叱咤风云的雄主。

我们常说，机不可失，时不再来。

苏轼在《范景仁墓志铭》中讲："速则济，缓则不及，此圣贤所以贵机会也。"机会稍纵即逝，行动迅速，才能掌握主动、争得先机，如果在机会来临时犹豫不决、优柔寡断，就会错失良机，贻误时机。

鸿门宴上，项羽当断不断，反受其乱，多次错失了抓住刘邦的机遇，让刘邦安然逃脱，最终败在了刘邦手里。

南北朝时期，北魏名将傅永跟随中山王元英征伐南梁义阳城，得知敌方将领马仙琕率军前来救援，意图决战，建议元英尽早占据地势险要的雅山，元英却沉吟未决，傅永道："机者如神，难遇易失，今日不往，明朝必为贼有，虽悔无及。"最终在殷切的劝说下，元英听从了傅永的建议，兵分两路，一路由将领张怀带兵屯守在山下，一路连夜在山上筑城，抢占了有利地形。从当时整个战争态势上来看，北魏对南梁当然是具有优势的；但具体到义阳之战的情况而言，北魏军队同时面对着义阳城里城外两股敌人，并没有必胜的把握，哪一方能够占得先机，胜利就偏向哪一方，而抢占有利地形，无疑是占得先机的一个重要手段。

后来的战斗情况也证明了傅永建议的正确性。面对马仙琕的进攻，北魏军队一开始是处于劣势的。如果不是北魏军队事先占据有利地形，战斗的胜负难以预料。“机者如神，难遇易失”，机遇很难把握，它难以遇到，却又容易失去，所以遇到机会必须决绝果断。

《周易 · 系辞下》有言：“君子见几而作，不俟终日。”所谓“几”，就是事物处在将动未动、将变未变的时候，出现的那个极其细微、极其微妙的那种动向和趋势。意思是看到适合机会就行动，不要等到最后。

唐代房玄龄在《晋书 · 慕容垂载记》谈道：“时来易失，赴机在速。”只有迅速行动，才能把握机会，最终得到自己想要的结果。

在这个快速发展的时代，信息传播泛滥，带来了很多机会，而有价值的机会不多。这就需要有当机立断的魄力，抓住对自己有利的机会，让自身发展更上一个台阶——这正是“快”的启示。

果断转型，防止坏局面蔓延

顺丰快速发展时期，留下了加盟商不好管理的弊端，非常影响公司的效率。王卫看清形势，果断做出改革，就算面对很多加盟商的反对，依然拿出强硬的手腕，完成收权的改革，终于遏制了恶劣形势的蔓延，让企业继续安全运转。

面对不利形势，就是要果断改变，这给人很大的启发。改变很难，不是一般人能说改就改的。成大事者，就需要有这样的铁血手腕——这一看问题的视野，也是成大事必备的格局。

三国时候的刘表，就是面对不利形势犹豫不决的典型代表。当时，曹操的谋士贾诩曾与刘表有过接触，他对刘表有一番含金量极高的评价：表，平世三公才也；不见事变，多疑无决，无能为也。

这句评价有什么含义呢？

首先，刘表是承平之世中可以做三公的人物。这句话是针对刘表在荆州的治理而言的。刘表做地方官，确实做得很不错。到任以后，他能削平地方叛乱，兴办学校，鼓励生产，几年之间便卓有成效。

但是，接下来贾诩话锋一转，说：刘表看不到事物的发展变化，疑心重而且犹豫不决，是没有什么前途的。

这个评价就很低，而且，还准得要命——刘表后来的行事，基本上没有脱离这个框架。

当时曹操和袁绍开战，刘表答应了要帮袁绍的忙，结果却没有做出行动。同时，在曹操那里，刘表也没有什么动静，号称是“保江汉间，观天下变”。

当时就有人劝刘表，现在两强相争，天下的权重在您身上，这是争夺天下的好机会呀！而您若是不打算争，那也差不多该表态了，到底是投向哪一边。您这么拥兵自重却不表态，怕是会把两边都给得罪了。到时候不管哪边胜了，先对付的都一定会是你。

刘表听后，更加狐疑，就去咨询谋士蒯越的意见。蒯越的想法差不多也是这样，而且还更加明确：就应该投向曹操，因为曹操胜率更大！

但刘表还是不放心，又派了韩嵩去朝中亲自观察一番。韩嵩回来后，盛赞曹操，没想到竟然遭到了刘表的怀疑。

那刘表是不是想支援袁绍呢？也迟迟没有态度。

后来刘备投靠刘表，了解到曹操主力正和袁绍在官渡僵持，便极力劝诫刘表趁机偷袭许昌，但刘表还是不愿意。直到后来曹操打败了袁绍，刘表才开始后悔。

等曹操腾出手打刘表的时候，刘表便病死了。之后，刘表的部下拥立其子刘琮继任荆州刺史。最终在曹操兵临襄阳时，刘琮以荆州降曹。

刘表被吞并，就是因为明知自己已经处于不利形势，却迟迟不作出决定，让形势持续恶化，最终让荆州落入他人之手。

这就是面对不利形势，不作出改变的后果。既然看清了危机所在，就应该作出决定进行改变。如果一直怀疑，甚至甘于堕落，只会让坏局面更加不可收拾，给自己酿成难堪的苦果。

我们在日常生活中，也需要具有果断做出改变的行事风格，意识到自己的错误，要马上转型，防止一错再错。面对坏心情，要立刻找到转变的方式，不让它蔓延到生活各处，让自己沉沦。果决的态度、铁血的手腕，实在是快速发展的时代必备的格局。好好适应生活，让自己适应各种情况的必备的素养。

稳中求快，清醒面对生活

王卫的“快”，快得恰逢其时，快得处处合适。快得精准、果断、不拖沓。“快”并非什么都要追求速度，也并不代表着做事情“快”到急躁，做决定“快”到武断。分清事情性质，在清醒看待之后，保持平稳心态，快速、果断地去面对生活。

所以在需要速度、需要效率的时候，要提起精神，比如说，每天早起一点，比别人早一点出门，就可以躲过拥挤的早高峰。快一点完成工作，就可以早一点下班，不用加班，给自己留出时间。

在需要抓住机会的时候、做选择的时候，要变得果决。“花开堪折直须折，莫待无花空折枝”，遇到合适的机会，快一点行动起来，就不会错失一个又一个良机。俗话说，“一步快，步步快”，当你领先一步的时候，就很容易步步领先。

现在有很多媒体倡导要慢下来，但要因时而异，准确判断，该快的时候还是要快，并非做什么事情都慢吞吞。慢，照顾自己的心灵；快，照顾自己的未来与人生。在追求速度的时代，只有先做到快，才能保持规律的生活，才能让自己有机会去享受生活，有心境去滋养自己的心灵。做一个追求“快”的人，促使自己积极向上，促使自己勇敢果决，才能拥有对自己负责的人生。

一言以蔽之，从成功人士的经历中汲取启示，能为自身打造诸多细节的小习惯，或许只会造成生活中无形的改变，然而“合抱之木，生于毫末；九层之台，起于累土”，只有实践后方才知晓，“习惯决定格局，格局决定命运”，所言非虚。

图书在版编目（CIP）数据

小习惯里的大格局 / 雅鑫著. -- 北京 ：地震出版社，2024.1
ISBN 978-7-5028-5612-0

Ⅰ. ①小… Ⅱ. ①雅… Ⅲ. ①中华文化—通俗读物
Ⅳ. ①K203-49

中国国家版本馆CIP数据核字(2023)第238126号

地震版 XM5693/K（6447）

小习惯里的大格局

雅鑫 著

责任编辑：李肖寅

责任校对：凌 樱

出版发行：地震出版社

北京市海淀区民族大学南路9号 邮编：100081
发行部：68423031 68467993 传真：68467991
总编办：68462709 68423029
http://seismologicalpress.com
E-mail:dz_press@163.com

经销：全国各地新华书店

印刷：晟德（天津）印刷有限公司

版（印）次：2024年1月第一版 2024年1月第一次印刷

开本：710×1000 1/16

字数：205千

印张：13.5

书号：ISBN 978-7-5028-5612-0

定价：58.00元

版权所有 翻印必究

（图书出现印装问题，本社负责调换）